Cartas de negocio eficaces

Mary Bosticco

CARTAS DE NEGOCIO EFICACES

EDITORIAL DE VECCHI, S. A.

Los nombres de personas o sociedades mencionados en esta obra son ficticios. Cualquier coincidencia con personas vivas o fallecidas, o con sociedades existentes es accidental

Título original: Instant Bussiness Letters

Traducción de Elena Capdevila

© Isabel Lucy Mary Bosticco, 1968, 1985
First published 1968 by Business Books Limited. Reprinted 1969, 1988
Second Edition published 1985 by Gower Publishing Company Limited,
Aldershot, Hampshire GU11 3HR, England

Para la edición española
© Editorial De Vecchi, S. A. 1999
Balmes, 247. 08006 BARCELONA
Depósito Legal: B. 35.662-1999
ISBN: 84-315-2286-0

Índice

■ ■ ■

SEGUNDA PARTE: LAS FÓRMULAS

Agradecimientos

■ ■ ■

Me gustaría agradecer a Atlas Business Machines, British Railways Board, Nauticalia, Prontaprint y Wordplex, que me hayan permitido reproducir sus cabeceras u otro material en este libro. Deseo agradecer la ayuda recibida de Fisher Clark, Ken Norman, John Rankin y Carole Roffey.

Ningún libro puede ser escrito o revisado sin la generosa ayuda de un bibliotecario. De acuerdo con esto me gustaría agradecer a todo el personal de la biblioteca Maidenhead, y especialmente al servicio de investigación, por su ayuda cortés y eficiente.

MARY BOSTICCO

NOTA DEL EDITOR

Algunos ejemplos no han sido traducidos de la lengua inglesa en la que fue redactado el original, para que el lector pueda evaluar las diferencias y similitudes que hay entre el correo anglosajón y el español, tanto en la presentación como en la formulación.

Prólogo

■ ■ ■

Todos sabemos que el queso y el buen vino mejoran con la edad, pero no es frecuente que un libro gane en utilidad con el paso del tiempo. Sin embargo, este es el caso del presente libro, que gracias a la invención del procesador de textos, un gran número de cartas pueden ser tecleadas, almacenadas en su memoria y consultadas de nuevo una y otra vez.

Esto significa que uno de los propósitos de su primera edición inglesa, reducir el tiempo de dictado, ha sido logrado espectacularmente con posterioridad. Otro propósito fue mejorar la calidad de las cartas que se redactaban y esta meta todavía se mantiene.

La cartas están escritas y agrupadas en capítulos bajo distintos títulos según la materia. En cada uno de ellos las cartas están divididas en tres partes: introducción, desarrollo y conclusión; todo perfectamente numerado. Todas han sido pensadas para ser útiles.

Las cartas comerciales del capítulo 3 deben ser leídas con detenimiento, así como la parte introductoria. Esas cartas serán una fuente de ideas para realizar campañas de ventas, ser recopiladas en función de su actividad o de sus circunstancias.

Las cartas de los capítulos 4, 5, 10 y muchas del capítulo 8, pueden seleccionarse para ser introducidas en el procesador de textos de la empresa, y guardadas en la memoria del ordenador para su recuperación y uso, simplemente anotando los números de los párrafos seleccionados.

El capítulo 6, «Crédito y cobro», debe estudiarse muy cuidadosamente. Luego, será necesario definir una estrategia basada en estos ejemplos y adaptada al funcionamiento de su empresa. Después se pueden elegir las cartas, o las series de cartas o tarjetas, para ser procesadas y guardadas. Hay que tenerlas clasificadas detalladamente para facilitar su localización tanto por uno mismo como por la secretaria.

Las cartas restantes y las notificaciones del capítulo 11, que son menos usuales, no es necesario guardarlas ni recuperarlas, pero pueden ser útiles cuando la ocasión lo requiera. Simplemente hay que seleccionar el párrafo adecuado, anotar su número en la carta y pasarla, junto con el libro, al mecanógrafo. Si la oficina no está equipada con un procesador de textos es posible utilizar este libro directamente.

Detalles como los precios, los nombres de marcas, las fechas de envío, etc., pueden ser anotados al lado del número del párrafo correspondiente. La secretaria podrá así incluir estos detalles en la carta final utilizando la función de edición del procesador de textos, o bien mecanografiándolo a la manera tradicional.

No nos ha parecido necesario seguir repitiendo el «Le saluda atentamente» en cada párrafo de conclusión; por otro lado se podrá observar que en algunos párrafos del apartado «Desarrollo» no se necesita añadir nada más para terminar la carta.

Debemos admitir que no hemos distinguido entre la utilización de *él* y *ella*, por lo que la referencia a *él* puede ser válida tanto para un hombre como para una mujer. No quiera verse en ello una discriminación de las futuras lectoras o de las mujeres en general. Estas últimas, con la sensibilidad que las caracteriza, comprenderán enseguida que sólo se trata de evitar la constante repetición de *él* o *ella*.

MARY BOSTICCO
Bourne End, marzo de 1985

PRIMERA PARTE

LA CARTA DE NEGOCIOS

CAPÍTULO 1

Presentación

■ ■ ■

A la mayoría de los hombres de negocios les gusta que sus empresas sean consideradas dinámicas, modernas, emprendedoras y, por supuesto, un modelo de exactitud y eficiencia. A estos empresarios no se les ocurriría enviar a sus clientes actuales y futuros, cartas escritas de cualquier modo o con papel de mala calidad.

El estilo es la empresa

El membrete representa la empresa. Es lo primero de lo que la gente se da cuenta y por eso es necesario que les produzca una buena impresión.

¿Qué pensará un futuro cliente si se le escribe con un membrete diseñado hace cien años, impreso en papel de mala calidad, con la letra mal mecanografiada además de mal distribuida?

Todavía no es tan grande la diferencia de precio entre un encabezado de carta mal diseñado y otro bien ejecutado profesionalmente. Cuando usted se dé cuenta de que un buen membrete puede asegurarle ganar terreno en un primer acercamiento por carta, entonces la inversión le parecerá mucho menor.

En resumidas cuentas, su encabezamiento debe indicar, quién es usted, a qué se dedica y dónde se le puede localizar, incluyendo teléfono y fax. Nombres tales como «La casa del automóvil» o «Modas Teresa» no son suficientes.

Existen otros requisitos legales: el encabezamiento debe especificar dónde se encuentra registrada la empresa, el número y la dirección del registro. Los comerciantes al mayor y las sociedades deben dar una dirección a la cual se puedan destinar los documentos. Por otro lado, el número del NIF sólo es requerido en las facturas.

Además, el encabezamiento debe transmitir la impresión adecuada de acuerdo con lo que concierne a la empresa. Quizá parezca que la palabra «imagen» está siendo demasiado explotada y que sólo es un truco publicitario, pero este no es el caso. Se puede llamar como se quiera, pero la imagen de una empresa es lo que los clientes o la gente en general tiene presente cuando leen su nombre. Es lo que la gente piensa de su empresa. De hecho, obviamente es cosa suya hacerles creer lo adecuado, transmitirles la imagen correcta.

Evidentemente esta imagen debe ser adecuada a su empresa en particular. Algunas empresas se esfuerzan en crear una impresión o imagen de solidez y fiabilidad; una casa de modas o un diseñador estarán más interesados en dar una impresión de buen gusto, mientras que un proveedor de productos de lujo querrá reflejar un aire de opulencia y magnificencia.

Lo ideal es que el encabezamiento no esté diseñado aisladamente, tiene que ser parte y elemento de un estilo personal, ya que su finalidad es presentar al resto del mundo la imagen correcta. Cada vez más empresas se están dando cuenta de tal importancia y muchas de ellas están adquiriendo un estilo personal por primera vez en su historia.

Un elemento importante de estilo personal al que nos referimos, es el símbolo de la empresa, o su logotipo, que a veces es una pista para saber qué hace, produce o representa. El caso del logotipo de la empresa Omegus, S. A. es un claro ejemplo (ver figura 1). Como se puede apreciar, el logotipo está incluido en sus encabezamientos, hojas de pedidos, tarjetas de presentación y hojas para cartas. No es tan sorprendente descubrir que Omegus, S. A. se dedica a manufacturar productos de navegación. Su nombre y su logotipo no sólo nos dicen claramente en qué campo se encuentra la empresa, sino que esa imagen personal también nos refleja una cierta alegría y humor; de hecho no es una mala imagen para una empresa relacionada con el mundo del deporte de la vela. El logotipo de la empresa puede y debe utilizarse en publicidad y catálogos, en camionetas de reparto, en los uniformes del personal, y donde sea pertinente, como vehículos de cualquier tipo. Las compañías aéreas y marítimas usan su logotipo en sus aviones y barcos. La figura 2 muestra el logotipo de una sociedad de transportes rápidos con su logo representativo de la actividad de la empresa. Si se

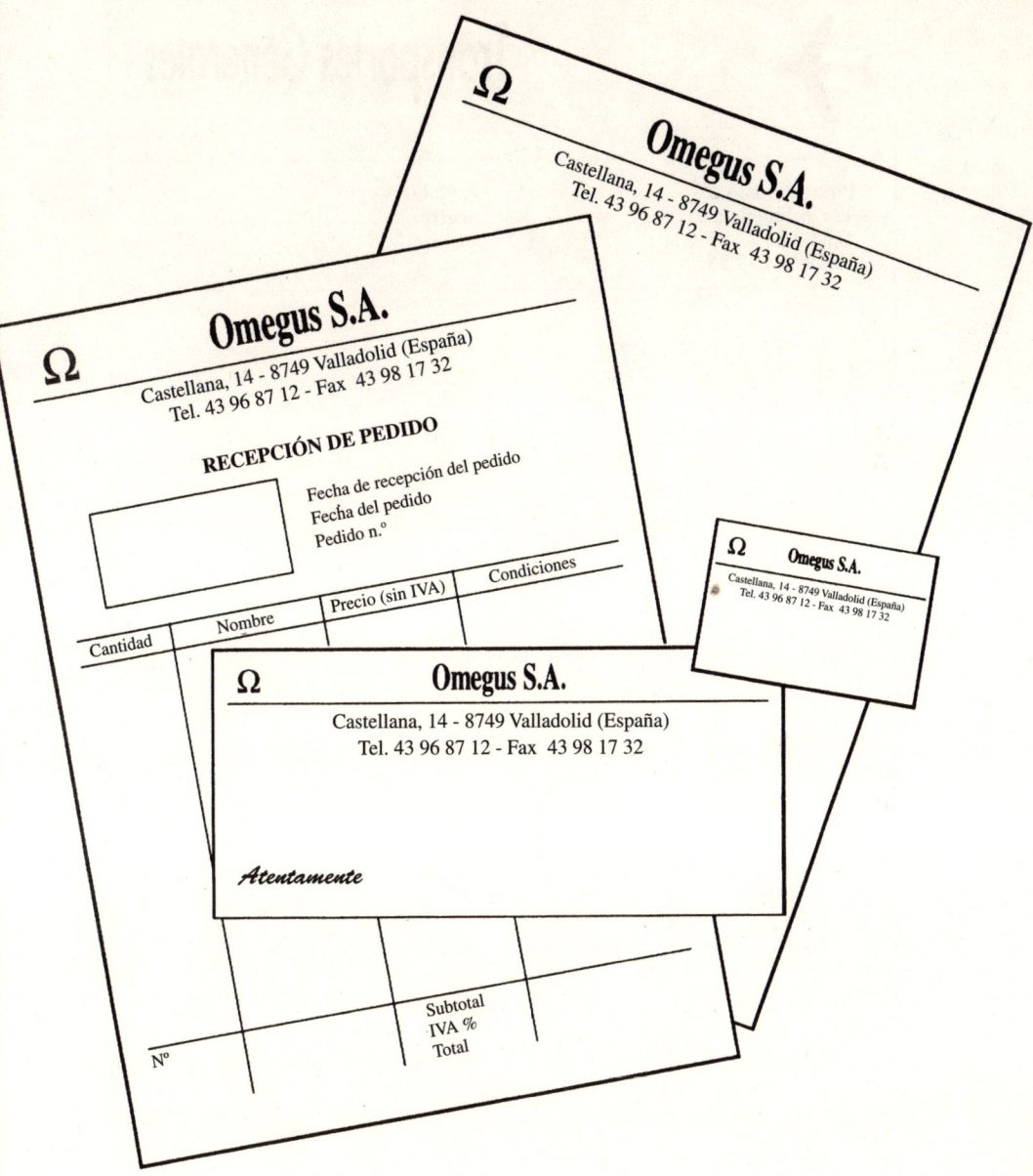

Figura 1: Documentos impresos de Omegus, S. A.

Transportes Generales

Pinar del Río, 25
02475 Valencia
Tel. 94 33 22 87
Fax 94 44 12 98

M. Goland
Director

Figura 2: Hoja para comunicados de la empresa con el membrete en el encabeza-miento

utiliza un estilo personal de esta manera, a lo largo del tiempo, el público en general seguirá recordando la empresa y lo que esta hace.

El color es un factor muy importante del estilo personal y muchas empresas también lo utilizan en los encabezamientos de sus cartas. Un color personal ayuda a que la compañía sea bien conocida. Por ejemplo, ¿quién no sabe que el verde es el color de la empresa «El Corte Inglés»?

Cuando se obtiene el diseño del membrete, hay que tener en cuenta que nunca aparece por sí solo, sino que siempre va acompañado por un párrafo mecanografiado y una firma al final. En otras palabras, el texto de la carta y la firma forman parte del diseño e indiscutiblemente ayudan a completar la impresión general. En la figura 3 se puede apreciar lo bien equilibrado que queda el párrafo de la izquierda donde figura la dirección de la empresa, y el de la derecha.

En la figura 4 se observa cómo el nombre «ATLAS» situado en la esquina superior izquierda queda compensado por la palabra «U-BIX» que aparece en la esquina inferior derecha. Ambas palabras están escritas en azul brillante en el original, mientras que el logotipo «WORD-PLEX» (fig. 3), está escrito en un verde pálido. A veces los ejecutivos de Wordplex firman sus cartas en verde, mientras que los de ATLAS lo hacen en azul; se trata de un simple detalle, pero es bueno mencionarlo.

Fisher Clark, un importante impresor, utiliza el color con una notable originalidad. Su membrete figura en color marrón, sobre un papel elaborado como si se tratara de piel de ante de color beige. El efecto en su totalidad es tan impresionante que cualquiera que lea esta carta no podrá olvidarse de ella fácilmente. El logotipo de Fisher Clark está también impreso en cada uno de los paquetes de los productos de la empresa.

Por supuesto, no todas las empresas necesitan un símbolo, pero sí pueden seleccionar una tipografía y una composición moderna para los encabezamientos de sus cartas. Sin embargo, diseñar un membrete no es un trabajo que pueda hacérselo uno mismo. Es un arte muy especializado y difícil y es posible que uno no esté preparado para realizarlo solo. Además, es necesario un punto de vista objetivo porque es importante que la carta represente la compañía, y no al jefe ejecutivo.

Hoy en día un diseño de este tipo puede ser fácilmente adquirido y sin que resulte muy caro, ya que incluso la ciudad más pequeña tiene su propia imprenta. Muchas de ellas forman parte de un gran grupo que posee su propia unidad de diseño. Algunas ofrecen *packs* especiales para pequeñas empresas o aquellas que aún no tienen logotipo, que comprenden: cartas con encabezamiento, formularios para facturas, hojas de prolongación, sobres y tarjetas de presentación, todo diseñado con un estilo personal pensado especialmente para el cliente (véase figura 5).

Señor Pedro Gracia
Director general de servicios
Ramiro y asociados
Carretera del puerto, 18
Madrid

WORDPLEX

WORDPLEX LIMITED
Edificio Excel
49 De Montford Road
Reading
Tel.: (074) 585242
Telex: 848560

Diciembre de 1999

Distinguido señor Gracia:

Deseo agradecerle a usted y a sus colegas haber dedicado su tiempo a nuestra presentación del pasado viernes en el Edificio Excel.

Me interesaron mucho sus comentarios relacionados con su estrategia de automatización de oficinas y confío en que encontró interesantes y relevantes para sus proyectos algunos de los temas expuestos en dicha presentación.

Aprovecho esta oportunidad para desearle unas felices Navidades y un próspero y feliz Año Nuevo.

Le saluda cordialmente.

R. A. Winder
Director comercial y de marketing
RAW: LMK

Subsidiario de:
Wordplex Infirmation Systems, PLC

Oficina de registro:
Marlow Place Station Road Marlow Bucks L 7 1NB
Registered in England: n.° 1773973

Figura 3: Carta de la sociedad Wordplex, formando un conjunto armónico con el membrente

Figura 4: Otro membrete distribuido perfectamente, esta vez de Atlas Business Machines

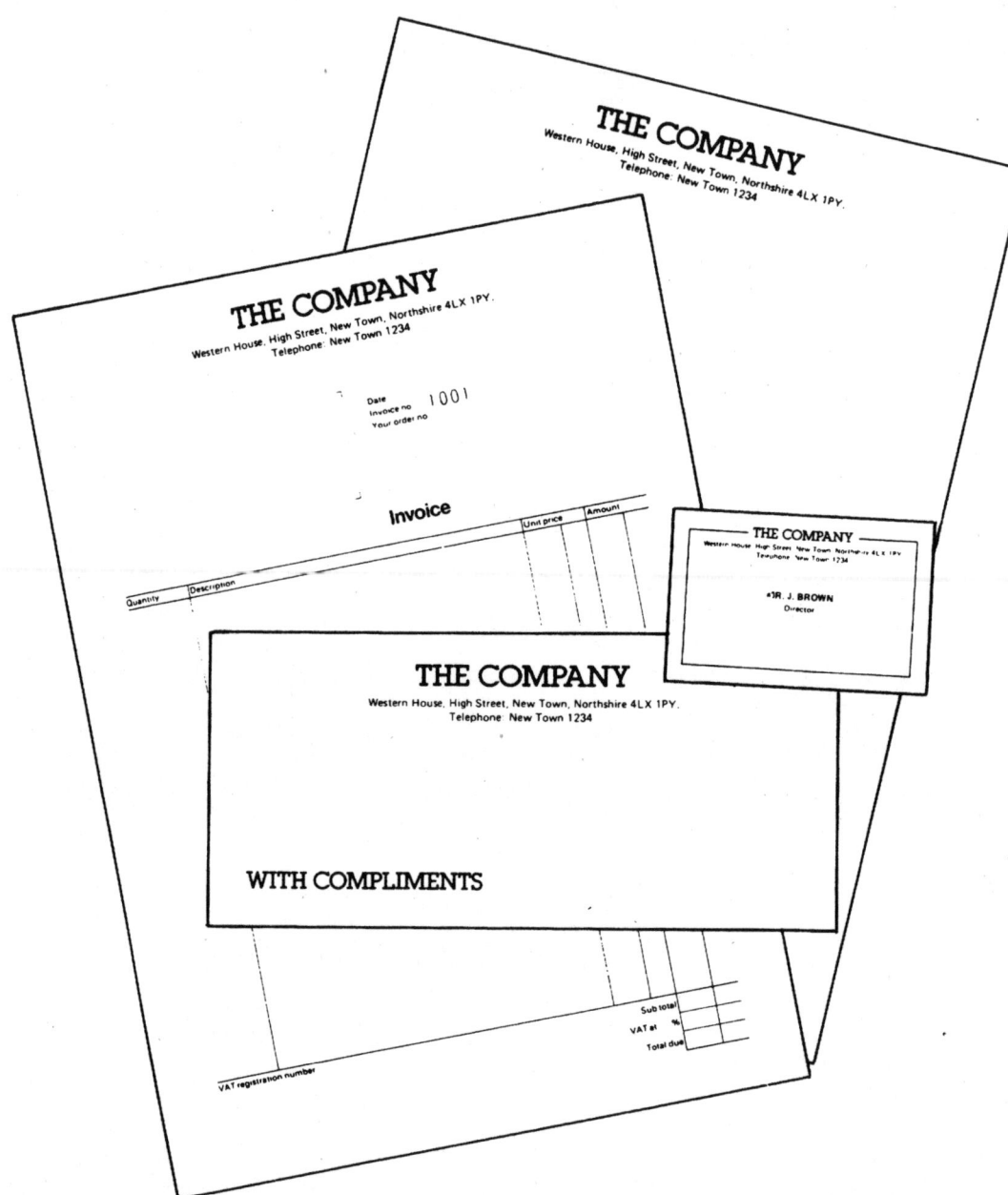

Figura 5: Diferente material para cartas impresas creado por Prontaprint

Si usted lo prefiere, puede tener, por supuesto, su estilo personal, diseñado por su propio agente de publicidad, que no dudará en complacerle con su labor.

El papel

Un buen diseño se puede arruinar si está hecho sobre un papel barato. A la inversa, una buena calidad de papel puede dar un aire de distinción a una carta que en sí es sencilla. Por lo tanto, es mejor invertir algo de dinero para poder seleccionar una buena calidad de papel para las cartas. Si usted no es un experto en papel deje que su diseñador le aconseje.

Si se envían al año cientos de miles de cartas comerciales, entonces no se debe dudar en seleccionar algún papel más económico. No hay por qué preocuparse innecesariamente por ello, ya que los expertos en correo comercial han demostrado una y otra vez que las calidades de papel más baratas no perjudican de ningún modo los resultados de las campañas.

No hay que descuidar el color, ya que puede ser enormemente efectivo. Se puede añadir un toque de color tanto en el diseño del encabezamiento, como se ha mencionado anteriormente, como en el mismo color del papel. En Estados Unidos, por ejemplo, es muy popular el uso de las tarjetas de recuerdo de color pastel. El papel de color puede ser igualmente efectivo para cartas comerciales, y se puede seleccionar un color distinto para cada carta, en el caso de tener que enviar varias; así se le añade interés.

En cuanto al tamaño, hoy en día está normalizado. El más usual para las cartas es el A4, que mide 210×297 mm. Si es necesario se puede utilizar el tamaño de A5 que mide 148×210 mm.

Las diferentes medidas establecidas vienen agrupadas en tres series: A, B y C. La serie A es para folletos; la B se usa principalmente para asuntos que requieren una impresión más larga, como pósters, y la C es para sobres, por supuesto, usados en combinación con la medida de cartas del tipo A.

Todos los tamaños de las tres series tienen la misma forma: un rectángulo con igual proporción entre el lado largo y el corto. Cada medida se consigue doblando por la mitad el formato de tamaño superior. La del tipo A esta basada en el formato A0, que mide 841×1.189 mm, es decir, un metro cuadrado. El formato A0 doblado por la mitad nos da la medida A1; esta doblada por la mitad nos da el formato A2 y así sucesivamente.

Los tamaños resultantes son como muestra la figura 6:

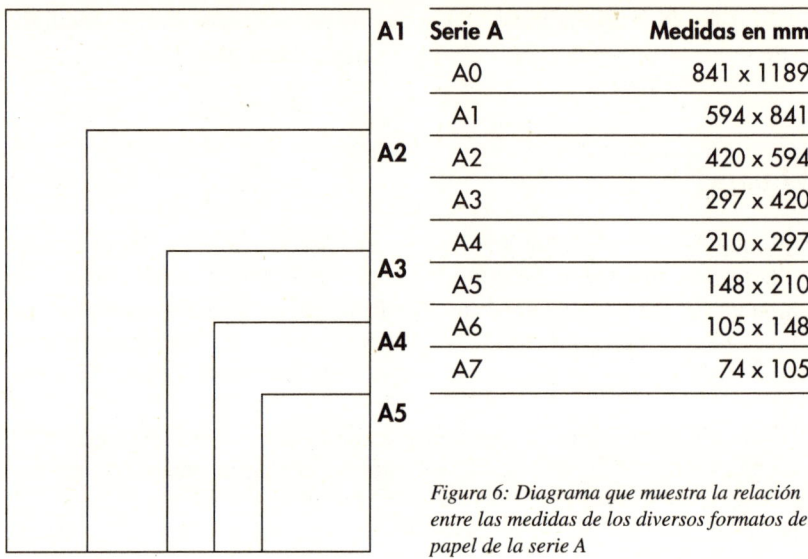

Serie A	Medidas en mm
A0	841 x 1189
A1	594 x 841
A2	420 x 594
A3	297 x 420
A4	210 x 297
A5	148 x 210
A6	105 x 148
A7	74 x 105

Figura 6: Diagrama que muestra la relación entre las medidas de los diversos formatos de papel de la serie A

La figura 6 nos muestra cómo todas las medidas de la serie A tienen el mismo radio entre los lados largos y los cortos. Esto significa que el trabajo de reproducir a escala un tamaño concreto es sumamente simple. Otra ventaja es el hecho de que como el formato maestro mide exactamente un metro cuadrado es posible designar el peso del papel en gramos por metro cuadrado.

En lo que concierne al mundo de los negocios, las ventajas de la adopción de estos formatos son las siguientes:

1. La clasificación es mucho más sencilla si todos los folletos, prospectos y correspondencia están en un formato similar.

2. Muchos de los países europeos utilizan estos formatos por lo que otros se consideran atípicos. Si un catálogo es demasiado grande o demasiado incómodo para ponerlo en los ficheros de un futuro cliente extranjero, ¿qué va a hacer este con él? Quizás eliminarlo. Por eso, las empresas no pueden arriesgarse a ser una excepción en los mercados de exportación.

3. Reproducir a escala una pieza de material gráfico en distintos tamaños de papel para su utilización, resulta más sencillo y, por lo tanto, más rápido.

4. La tarea de clasificación en la oficina de correos se acelera, gracias el uso de las máquinas de clasificación electrónica que permiten mayor eficiencia.

Los sobres

Los sobres, naturalmente, deberán ser de una calidad igual a la del papel, tanto en cuanto al papel en sí mismo como a la impresión o el logotipo. Como anteriormente se ha señalado, los sobres también están normalizados para ir con el papel de la serie A. Los dos formatos más utilizados son el cuadrado, 114 por 162 mm, y el rectangular, 110 por 220 mm. Para estas dos medidas existen también modelos de ventana.

También es posible adquirir sobres acolchados, de tamaños diversos, para proteger los documentos más gruesos o delicados.

Si se mantienen negocios con países europeos debe considerarse el uso de sobres con ventanilla. Estos son utilizados en todo el continente y tienen la ventaja de poder ahorrar tiempo al no tener que mecanografiar la dirección. No se recomienda para el correo comercial, ya que, como tienen un aire austero, no invitan a abrirlos.

Cuando se envía correspondencia con la intención de vender, los sobres deben ser lo más atrayentes posible. Un sello real es más interesante que un sello estampado por una máquina de franqueo. Un sello inusual es más interesante que uno ordinario y uno extranjero más que uno nacional. Existe una empresa mundialmente famosa que hizo, expresamente, que parte de su correo comercial viniera de Holanda con la intención de dar a sus cartas ese excitante estilo extranjero. Esta empresa ha ganado muchísimo dinero a través de la venta por correo.

Un modo de aproximarse al posible cliente es hacer que las cartas comerciales parezcan, tanto como sea posible, cartas personales. La estrategia del sello extranjero pertenece a esta categoría. Otra idea, igual de efectiva, es añadir al sobre un mensaje excitante, que quizá provoque que el destinatario se impaciente por abrir la carta. Una famosísima empresa internacional tiene sellos de respuesta asomando por la ventanilla del sobre o utiliza una ilustración atrayente junto a las palabras: «Tuyo, absolutamente gratis» impresas en rojo a un lado. Muchas empresas utilizan sobres de color que contienen unos mensajes del tipo: «Noticias importantes en el interior» o frases similares impresas en el sobre.

En lo referente a la venta por correo las variaciones para mejorar el resultado son infinitas; es cuestión de probar a la hora de establecer qué trucos funcionan mejor con un producto en particular.

La edición

Hace tiempo que el único tipo de membrete que una empresa respetada podía considerar, era el grabado. Sin embargo, esos días ya han pasado y ahora se puede escoger, como mínimo, entre cuatro métodos de reproducción, todos ellos perfectamente aceptables.

Grabado: desde luego, este es el mejor de los procesos de impresión. Si se puede asumir el gasto, no hay nada como este sistema. Es la producción de la plancha lo que hace que el grabado sea tan caro, pero si se realizan gran cantidad de ejemplares el coste no es tan oneroso. Si sólo se necesitaran 1.000 páginas, grabarlas costaría un 200 % más que las simples cartas impresas. Sin embargo, si se necesitaran 10.000 páginas, este coste disminuiría un 50 %. El coste de la producción fija puede variar en cada imprenta, así como otros servicios; por eso es conveniente considerar las ofertas, por lo menos de tres empresas antes de fijar el pedido.

Termografía: este proceso proporciona un resultado parecido al del grabado. Es bastante barato, entre un 10 y un 15 % más que la impresión tipográfica, pero volverá a depender, de nuevo, de la imprenta.

Impresión en offset: muchas empresas producen sus propios formularios de oficina y cartas con una multicopista *offset*. No hay nada sucio, maloliente o molesto en las máquinas *offset* modernas. Son en gran parte automáticas y fáciles de usar. Los resultados no se pueden distinguir de los de una impresión tipográfica norma

Tipografía: este es el proceso de impresión convencional que todos conocemos. Este sistema está perfectamente aceptado para las cartas de empresa. Un membrete bien diseñado y moderno, impreso con este sistema en un papel de buena calidad, puede representar dignamente a cualquier compañía. De hecho este es el sistema que utilizan más empresas actualmente.

Mecanografía y composición

El mejor membrete del mundo, impreso en papel de la mejor calidad, puede quedar totalmente arruinado si su mecanografía es descuidada, hay borrones, manchas o su composición es pobre. Ciertamente, un mecanógrafo mal pagado e incompetente dará resultados pobres. Pero incluso un mecanógrafo bueno tiene que saber cómo le gusta a la empresa que sean escritas sus cartas, tanto para adecuarse al diseño del membrete como para crear una uniformidad con el estilo de la empresa.

Primero es necesario decidir cuál es la mejor forma de composición para un membrete en particular. Después será necesario crear las cartas

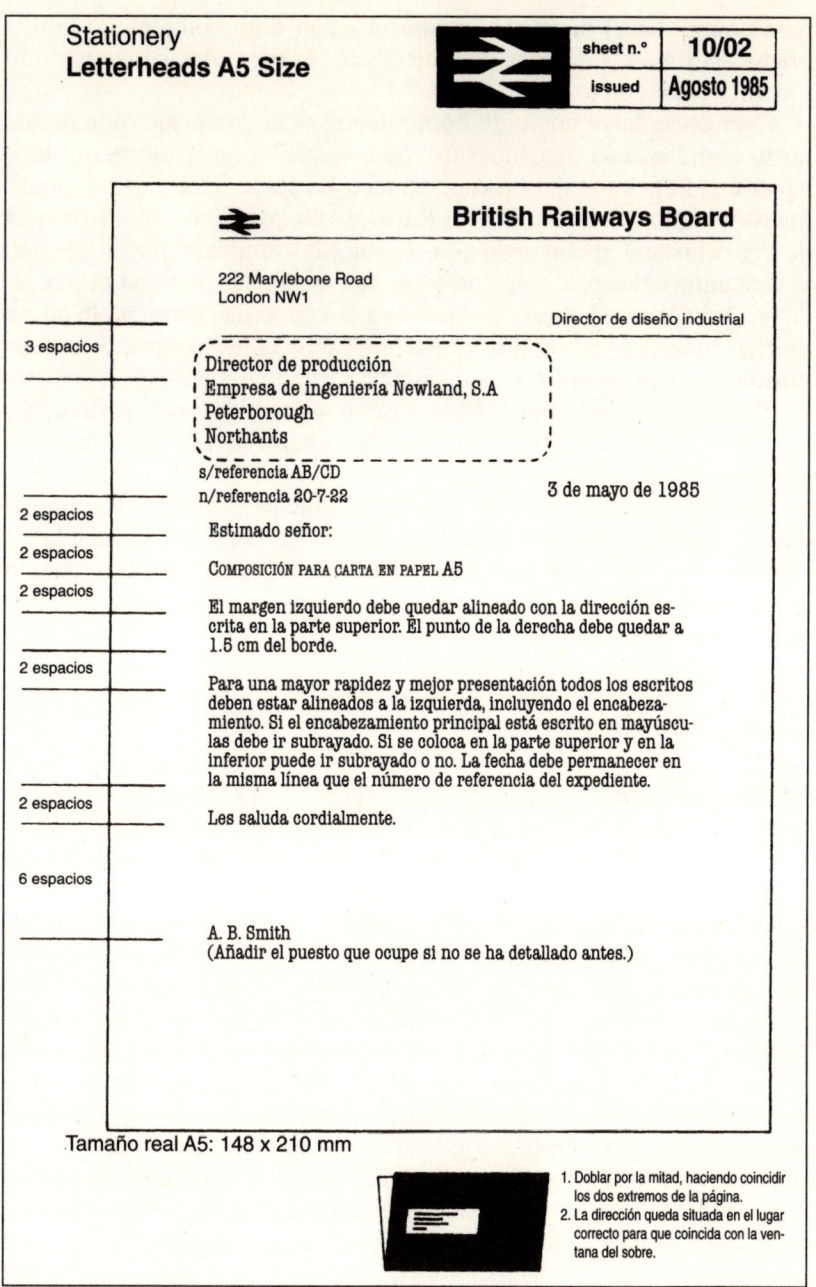

Figura 7: Instrucciones de la British Railways Board para la presentación de la correspondencia

para completar el diseño, formando un conjunto completo y equilibrado. La figura 3 muestra claramente como Wordplex ha conseguido este propósito con éxito.

Cuando se haya decidido cómo debe ser la composición hay que mostrársela a cada mecanógrafo. Si hay varios en la empresa, debe haber una hoja en la que se especifiquen las instrucciones. La figura 7 muestra cómo lo hace la British Railways Board (Compañía Británica de Ferrocarriles), incluyendo cómo doblar la carta para que encaje con la ventanilla del sobre. Esta compañía fue una de las primeras organizaciones británicas en alinear sus cartas a la izquierda. Ahora ya lo hacen muchas más. Esta costumbre empezó por pura conveniencia, pero afortunadamente se encontró la manera de hacerlo más agradable a la vista

Tanto si se decide por los sobres con ventanilla o no, la dirección debe estar escrita en bloque y no por partes separadas como se hacía en otras épocas siguiendo la moda.

Los principios por los que hay que guiarse para decidir la composición de las cartas tienen que conseguir que estas resulten agradables al verlas y sean fáciles de leer, a la vez que la velocidad de su ejecución sea muy rápida. Hay que admitir que muchas empresas invierten este orden de prioridades.

Cartas circulares

La carta circular, si su propósito es vender o informar, es el tipo de carta más importante que se puede escribir. No obstante, hay quienes con la excusa de poder reducir gastos, intentan minimizar al máximo su coste.

Es posible establecer un cierto ahorro, como se ha mencionado anteriormente. Por ejemplo, se puede utilizar un papel de calidad inferior; si el membrete habitual es grabado, se puede usar el mismo diseño pero impreso en prensa, para las campañas publicitarias. Incluso también puede ser importante tener un diseño de membrete especial exclusivamente para las cartas comerciales, o bien, membretes de muchos colores, especiales para ventas. Probar y equivocarse es el mejor método para encontrar la fórmula idónea para una empresa en concreto.

En cuanto al sobre, existen dos modos de proceder, como ya hemos visto, utilizar uno u otro depende de si desea que el correo parezca una carta clásica escrita a máquina, o bien, si lo que pretende es que el destinatario se sienta motivado a abrirla. En este último caso, en el sobre debe constar algún motivo o algún texto que incite a ello. Este método es utilizado, con gran éxito, por muchas empresas grandes e importantes que venden productos y servicios a través del correo.

En la única área en la que no se puede arriesgar económicamente es en la de composición y presentación general. Además, hay que asegurarse de tener un *mailing* completo, que incluya el nombre de la persona a la que se dirige el correo. Con las facilidades que existen hoy en día no pueden permitirse cartas comerciales destinadas de manera imprecisa, con una dirección mal escrita en un sobre cualquiera.

Para la impresión y envío pueden utilizarse diversos métodos:

Procesador de textos: si se envían cartas de publicidad con frecuencia, es mejor invertir en un procesador de textos. Un buen procesador y una impresora también de calidad, permiten confeccionar cartas comerciales inmaculadas y personalizadas.

El *mailing* (o listado de nombres y direcciones) puede ser almacenado en la memoria del ordenador mediante un programa de base de datos y recuperado cuando sea necesario para que quede totalmente armonizado en la última carta comercial.

La función de edición del procesador de textos permite añadir toques personales, lo que sin duda hará más grata la lectura a su destinatario.

Sin embargo, hay que tener en cuenta que en el mercado existen varias clases distintas de procesadores de textos y de ordenadores, y que unos son más indicados que otros para determinadas labores. Por eso, antes de comprar uno, sería bueno hacer una selección para asegurarse de que está adquiriendo lo que necesita.

Offset: esta técnica implica el tecleo de un texto mediante una cinta especial. Se obtiene así una matriz que permite editar entre cincuenta y cinco mil copias. Una variante, más antigua, consiste en teclear la carta mediante una máquina de escribir ordinaria y luego obtener una placa fotográfica. Los dos procesos son muy fiables. Algunas máquinas son capaces de imprimir al mismo tiempo la cabecera de la carta, ganándose mucho tiempo.

Facsímil: este procedimiento se basa en la impresión tipográfica, pero presenta una diferencia importante. Ya que el texto se ha compuesto con caracteres de máquina de escribir y se imprime sobre el papel mediante una hoja o una cinta de seda. El resultado es que las palabras adquieren una forma irregular, como suele pasar cuando están escritas con la máquina de escribir. Es decir, desaparece la regularidad característica de la imprenta y el resultado es como el de una carta escrita a máquina. Dentro de este sistema se incluyen dos procesos, el rotatorio y el plano. Ambos dan resultados excelentes y este último llega incluso a la perfección.

Fotocopia: la máquina fotocopiadora ha supuesto una pequeña revolución para las empresas de todo el mundo, arrinconando las fastidiosas copias mecanografiadas o en papel carbón de un mismo documento. Para producir cartas circulares simplemente hay que disponer las cartas maestras en un papel liso y colocarlas encima de la pantalla de la fotocopiadora.

Si se controla suficientemente el estado de la tinta, el resultado es muy bueno, pero conviene recordar que este método es caro y por ello hay que reservarlo para tiradas cortas.

Correo electrónico: Otra manera de llegar rápidamente a los destinatarios consiste en utilizar el correo electrónico, enviando un *e-mail.* Este permite cambiar y mejorar continuamente los mensajes, organizar y compartimentar todos los tipos de información, e incluye telecopias (fig. 8).

Esta nueva posibilidad está teniendo cada vez más éxito debido principalmente a su rapidez. Un buzón de envío agrupa los mensajes a remitir y un buzón de recepción los que se han recibido, según el esquema de esta página. Naturalmente, para tener acceso a esta función, es necesario que el ordenador esté equipado con un módem conectado a la línea telefónica. Esta instalación permite conectarse a internet, y está llamada a sustituir progresivamente el correo tradicional en el mundo de los negocios.

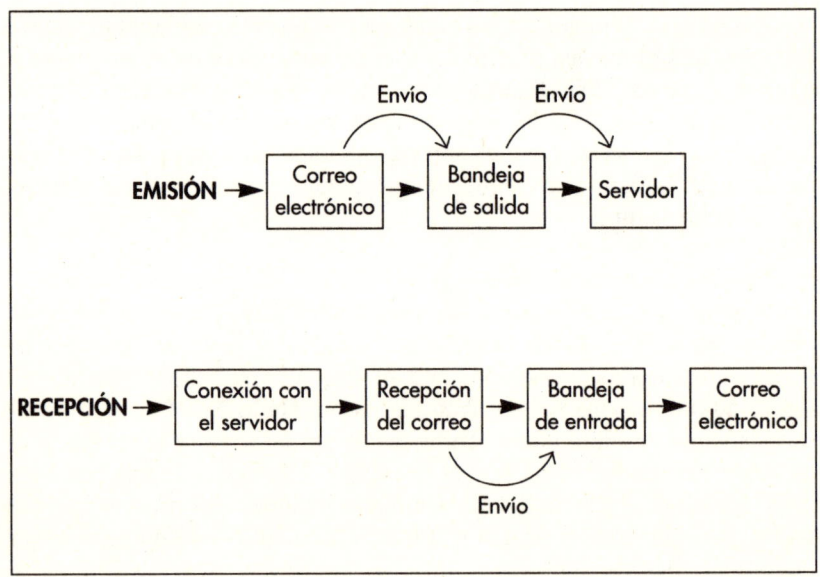

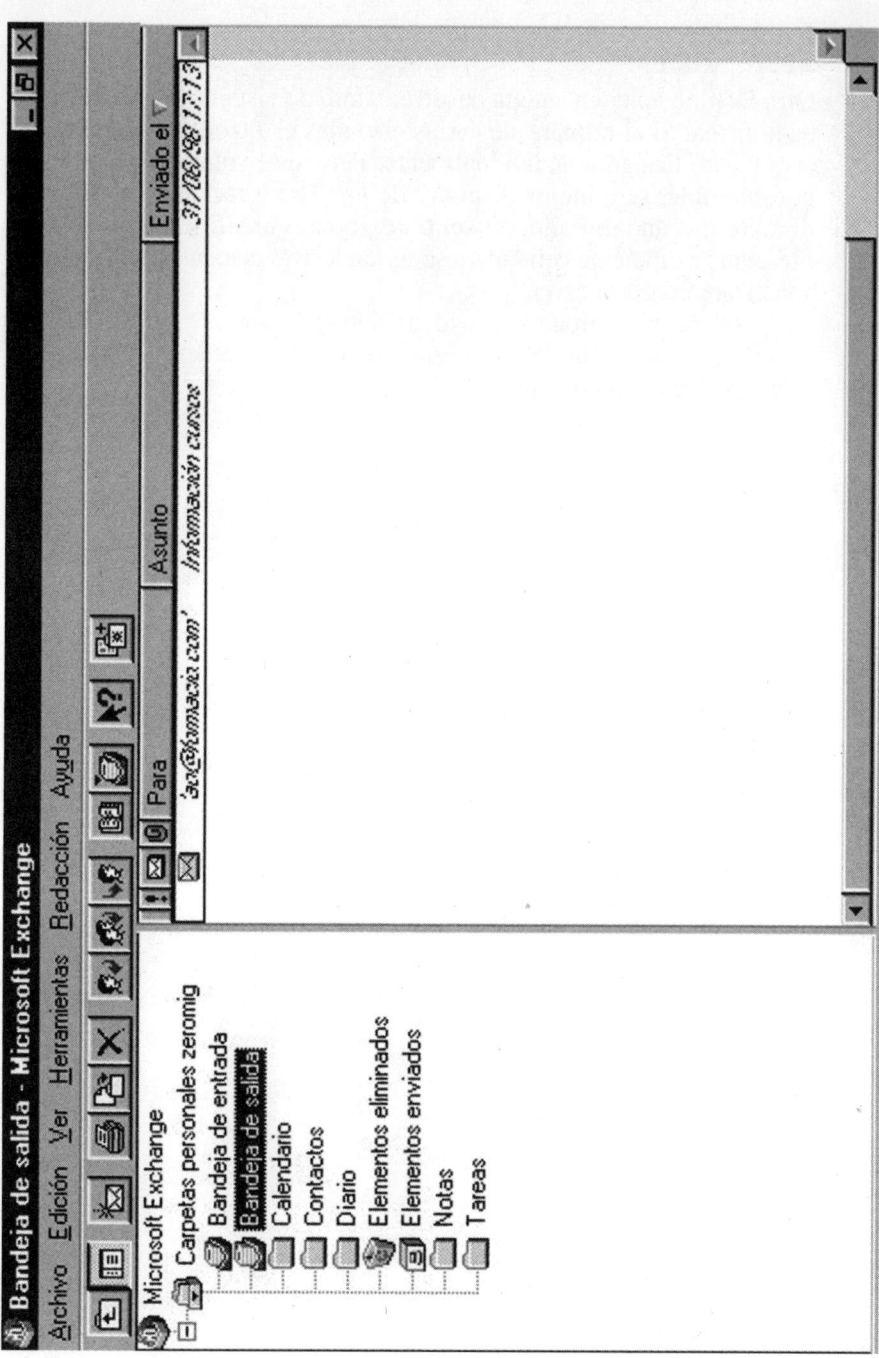

Figura 8.

La firma

Otro factor a tener en cuenta desde el punto de vista de la presentación, es la firma. Si el número de cartas enviadas es razonablemente corto, será bueno firmarlas individualmente. Pero si el volumen de cartas es considerable, será mejor disponer de una firma facsímil en azul. Un nombre mecanografiado, en sello de goma o una firma en negro, no presenta la suficiente calidad, descubriéndose al instante la falta de personalización de esa carta.

Después de analizar estas ideas, cuidadosamente seleccionadas, acerca del aspecto de la carta —el envoltorio— estamos preparados para considerar su contenido.

CAPÍTULO 2

Contenido

■ ■ ■

Muchas cartas de correo comercial tienen un triple objetivo:

1. Transmitir un mensaje del remitente al destinatario.
2. Hacer reaccionar al destinatario.
3. Hacer que el destinatario reciba una buena impresión del remitente y de su empresa.

Un gran porcentaje de los miles de cartas comerciales que se envían cada día, no sólo no consiguen los objetivos dos y tres, sino tampoco el principal, es decir, transmitir un mensaje claro e inequívoco al destinatario.

Ciertamente, escribir cartas no es una tarea fácil; básicamente, deben tener claridad, simplicidad, brevedad y cordialidad.

La escritura clara es el resultado del pensamiento claro y, a la inversa, la escritura confusa es el resultado del pensamiento confuso. Por lo tanto, la primera regla es: pensar antes de escribir. Decidir qué es lo que se quiere decir antes de lanzarse a convertir los pensamientos en palabras. Esta idea puede parecer muy básica, casi elemental, pero numerosos ejecutivos se quejan de que no tienen tiempo para pensar antes de ponerse a escribir, lo que les conduce a redactar informes poco convincentes.

Primeramente conviene organizar la mente antes de redactar, luego anotar los puntos de la carta que se va a responder, y mencionar cada uno en el momento adecuado. Incluir en un mismo punto tres reflexiones no significa brevedad, sino más bien confusión. Cuando un punto está desarrollado hay que redactar otro, y no parafrasear ni repetir lo mismo a lo largo del texto.

Cuando se han plasmado los argumentos brevemente, se debe dar al destinatario una indicación clara y correcta de lo que se requiere de él o ella. Más de una carta divaga exponiendo y planteando un argumento hasta que se agota, dejando al destinatario con la duda de para qué se le requiere. Si se está buscando una ayuda para resolver un problema, se debe expresar claramente al final de la carta. Si simplemente se están exponiendo unos hechos propicios para actuar de una cierta manera, entonces hay que dejarlo también muy claro. «Por lo tanto he decidido...», es una manera de concluir, dejándole claro al destinatario que simplemente lo que se le está pidiendo es tomar la debida nota. Obviamente, si la situación lo requiere, se puede añadir «... y espero que apruebe mi decisión». Si se quiere influir en la decisión del destinatario no se debe errar diciendo claramente: «por lo tanto recomiendo que hagamos esto y lo otro». Es mejor proponer: «por lo tanto creo que lo más importante es que hagamos esto y lo otro». Si lo que se pretende es responder a una carta hay que dejarlo también claro. No puede dejar al destinatario con un «¿y qué?» cuando lea su carta.

La elección de las palabras

La claridad y sencillez de las cartas dependerá, obviamente, de la elección de las palabras, pero primero sería bueno crearse el hábito de utilizar el número imprescindible de palabras para expresar lo deseado.

No es fácil deshacerse de las palabras superfluas. Lea cada una de las frases de su carta y contéstese a usted mismo: «¿es realmente necesaria esta palabra?, ¿cambiará el sentido si la elimino?» Si su respuesta es «no» entonces quite la palabra redundante. La carta ganará en claridad y concisión con esta operación de limpieza.

Si acepta este consejo y empieza a releer cartas anteriores con un bolígrafo en la mano, la operación de limpieza no tardará en anular un buen número de frases innecesarias, esos elementos arcaicos del lenguaje comercial que todavía perduran en algunas cartas de empresa. Las frases repetidas son las herramientas de los perezosos. Lo tienen todo demasiado predispuesto en sus mentes, liberándose al redactar del esfuerzo de pensar. A continuación se muestra una corta relación de frases hechas que se pueden eliminar:

A corto plazo...
A la espera de su respuesta...
A la espera de vernos favorecidos por
   su oferta...
A la espera del placer de...
Aceptando sus órdenes de...
Actualmente...
Actualmente en nuestra posición...
Acusamos recibo de...
Adjunto...
Adjunto encontrará...
Al recibir...
Anexo
Aprovechamos esta ocasión...
Asegurándole nuestra atención...

Como anexo de...
Como hemos dicho anteriormente...
Como respuesta a su...
Como respuesta en su honor debido a...
Como respuesta de...
Como se deriva de...
Comunicado (en lugar de carta)
Con el objetivo de informarles de que....
Conforme a...
Convencido de que...
Corriente (en lugar del nombre del mes)
Cuando reciban...
Cuidadosamente anotado...

De la confianza que han depositado en
   nosotros...
Debidamente archivado...
Debido al hecho de que...
Del mes pasado...
Deseo, como respuesta...
Deseoso de informarle...

El llamado...
El mismo día...
En el caso de que...
En el momento en el que le escribimos...
En la que les informamos...
En los plazos exigidos...
En nuestra posesión...
En nuestros libros...
En referencia a su...
En referencia a su honor debido a...
En sobre separado...
Encontrará adjunto...
Encontrará en un anexo...
Esperando verme favorecido por...

Ha llegado a nuestras manos...
Ha sido enviado...
Ha sido para nosotros de gran interés...
Hemos notado con interés...
Hemos notado con placer...

Infórmenos de...

Le rogamos que...
Les rogamos que nos informen...

Les rogamos que permanezcan...
Lo antes posible...
Los próximos días...

Me permito informarle de que...

Nos gustaría indicarle que...
Nos gustaría informarle de que...
Nos gustaría sugerirle que...
Nos ha llegado...
Nos parece deseable...
Nos sabe mal tener que hacerle saber...
Nos sabe mal tener que informarle...

Obtendrá su aprobación...

Pedimos su benevolencia para...
Por correo...
Próximamente...
Próximo (en lugar del nombre del
   mes)...
Puede estar seguro de que...

Que lleva la misma fecha...
Queremos indicarle que...
Queremos informarle de que...

Recientemente...
Respecto a esto...
Respondiendo a su...
Rogamos reciban...

Según...
Sigue su curso...
Siguiente...
Sinceramente...
Su amable correo...
Su amable correo en nuestra posesión...
Su amable demanda...
Su carta actualmente en nuestra
   posesión...
Su carta del cuatro de...
Su carta en este día......
Su carta en nuestra haber...
Su gran benevolencia...
Su honorable del (en lugar de carta)...

Tenemos el honor de hacerle saber
   que...
Tenemos el placer de...
Tenemos el placer de hacerle saber
   que...
Tenemos el placer de indicarle...
Tenemos la satisfacción de informarle
   de que...
Tomamos buena nota ...
Tomen nota
Tuvo en cuenta

Usted mismo...

Y obligado (en conclusión)...

A modo de ayuda para los lectores, también proponemos sustituir algunas frases que resultan poco adecuadas por las palabras o las frases siguientes:

En los próximos días...	Muy pronto (o, mejor todavía, sea preciso y proporcione una fecha)
Actualmente en nuestro haber...	ha llegado
Lo antes posible...	tal cual si no tiene prisa o lo más pronto posible
Le rogamos...	no ruegue, vaya directo al grano y diga lo que tenga que decir
Comunicado...	carta o informe o lo que sea
Deseamos informarle de que...	lo mismo que para le rogamos..., diga de lo que se trata
Nos ha llegado...	ha llegado
Ha sido enviado...	precisar si por barco, por correo o por otro medio o más sencillamente sustituya por enviado
Adjunto le remito...	le adjuntamos
Próximamente...	muy pronto o mejor dé una fecha
Hemos notado con interés...	nos sentimos interesados por
Hemos notado con placer...	hemos estado muy contentos de saber
Tome nota de...	suprimir, exprésese con claridad
Sentimos tenerle que informar...	nos sabe mal tenerle que informar de que o una expresión similar
Tenemos el placer de hacerle saber que ...	estamos muy contentos de informarle que
Por correo separado...	precise lo que usted entiende por correo, carta, paquete u otro
Usted mismo...	usted

La mayor parte de estas frases hechas resultan inútiles, sin embargo, esto no significa que cada una de las frases comerciales tenga que ser evitada por el escritor prudente.

Una frase hecha es también una cuestión de opinión. Si se ha pensado suficientemente lo que se quiere decir y el empleo correcto de una locución encaja con una determinada frase, entonces nada puede objetarse sobre su uso. Por otro lado, en cambio, si se utiliza un cliché porque es lo primero que viene a la mente, entonces el texto sí que corre el peligro de confundir.

Se debe cultivar el hábito de buscar en el diccionario la palabra que se quiera utilizar. Es sorprendente la frecuencia con que las palabras son utilizadas sin que expresen exactamente el contenido que se pretende.

Hay que decidir, por ejemplo, si la palabra *integrar* es la más adecuada en ese contexto, o bien, si *unir, combinar, amalgamar* no encaja más exactamente con el significado que se pretende dar; o bien si hay que decantarse por *alternativo* sin considerar primero *otro, nuevo, fresco, revisado, diferente.*

A la hora de escoger un adjetivo se tiene que buscar que encaje con el sentido exacto que se quiere dar, por ejemplo, *bueno* no significa por sí solo nada en concreto, ya que podemos hablar de «un restaurante bueno», «una chica buena», «una televisión buena» o incluso «una orden buena»; *global* tampoco significa nada en sí mismo, o puede significar muchas cosas; si por esta palabra se entiende *total, medio* o *añadido*, entonces ¿por qué no se dice así? Si lo que se quiere expresar es «el crecimiento global de la ciudad debe ser moderado» vemos cómo la palabra *global* no añade nada a su significado.

Si podemos referirnos al mismo significado con dos palabras, entonces hay que escoger la más corta. Las palabras cortas suelen ser más directas y potentes que las largas y ayudan a una mejor comprensión del texto.

Sir Winston Churchill fue un gran defensor de las palabras cortas, aunque no dudó en utilizar alguna larga, incluso muy largas si encajaban mejor con el significado.

Por eso, hay que pensárselo dos veces antes de redactar las cartas con palabras innecesariamente largas y con prefijos y sufijos ajenos a la lengua utilizada.

Por ejemplo, no hay que temer el uso de las palabras *decir* y *comunicar* con preferencia ante *declarar, informar* o *poner al corriente de*. No hay que dudar de utilizar *empezar* o *comenzar* en lugar de *iniciar*. Ciertamente se puede decir *esbozo* o *boceto* en vez de *anuncio*; *plan* en lugar de *anteproyecto*; *antes* en lugar de *prioridad*; *de acuerdo* en lugar de *vale* o *concerniente a.*

Si se tiene la sensación de perder credibilidad por el uso de palabras cortas, es bueno recordar el ácido comentario de sir Ernest Gowers: «Aquellos que utilizan palabras demasiado largas son inexpertos y carecen de gusto. Confunden la pomposidad con la dignidad, la flaccidez con la facilidad y el volumen con la fuerza».

En definitiva es preferible elegir palabras cortas que largas, simples que complejas, familiares que extrañas.

Otras consideraciones

A la vez que se recomienda el empleo de la palabra corta, también se recomienda el de la frase corta. Es más moderno que el uso de las largas, pero hay otra razón a favor de acortar las frases. Se ha comprobado que es más fácil de entender un escrito que contenga principalmente frases cortas; es más legible que uno en el que predominen las largas.

A lo largo de los años se han hecho muchos estudios sobre qué es lo que hace que un escrito sea fácil de leer. La famosa fórmula de lectura de Rudolph Flesch no sólo considera la longitud de las frases sino también el número de palabras con afijos. En la medida que las frases sean más cortas y contengan menos palabras con afijos más fácil resultará su lectura.

Robert Gunning llegó a las mismas conclusiones investigando únicamente la extensión de las frases de un pasaje concreto.

Así pues, para empezar, hay que construir frases tan cortas como sea posible. Gradualmente, con la práctica, se sabrá cómo hacer para alargarlas sin que con ello pierdan claridad. El objetivo final será la alternancia de frases de distinta extensión para conseguir una mayor variedad y flexibilidad.

De hecho, si se tienen en cuenta todos los puntos anteriores, las cartas irán ganando gradualmente en claridad, brevedad y simplicidad. Pero, por desgracia, este triple objetivo no es suficiente. También se querrá que la carta parezca más cálida y amistosa que distante e impersonal. Existe una tendencia a escribir cartas seca, pero no conviene seguirla.

A menudo ocurre que nos podemos encontrar con un hombre de negocios encantador y amistoso. Se discute algún asunto de negocios, se llega a algún acuerdo y después cada uno sigue su vida. A la mañana siguiente recibimos una carta fría e inflexible confirmando el acuerdo. Está firmada por la misma persona amable y encantadora del día anterior, pero no lo parece.

¿Por qué hay gente que escribe así? ¿Por qué no plasman su amabilidad y encanto en sus cartas? Porque se esconden detrás de la fría fachada de lo que ellos creen que es el «lenguaje comercial». Si utilizaran un tono más familiar y escribieran como hablan, automáticamente quedaría reflejada su personalidad y sus cartas serían leídas con más placer.

Pruébelo usted mismo y verá. Incluso una autoridad como sir Winston Churchill defendía esta práctica. Siendo primer ministro afirmó una vez: «No nos limitemos en el uso de las frases expresivas cortas, incluso en una conversación».

Esto no quiere decir que se deba escribir a todo el mundo de la misma manera, o que un profesional, de repente, se apresure en escribir pequeñas notas con un estilo simplista. Significa que hay que tener en cuenta al destinatario cada vez que se escriba una carta, y no olvidar que todo hombre de negocios es también un ser humano. El escritor profesional siempre orienta sus escritos para adecuarlos a su audiencia. En otras palabras, no escribe para un público indeterminado, sino bien al contrario, para un público específico. El hombre de negocios debería hacer lo mismo cuando responde a su correspondencia. Tiene que conseguir que cada carta que escriba sea una carta comercial, una carta en la que promociona a su compañía, sus productos y a él mismo.

Hay que recordar sobre todo, que la carta debe ser escrita desde el punto de vista del destinatario; por ejemplo, es mejor decir: «Estará encantado de saber que su pedido está listo para ser enviado», que «Me place informarle que...». Muchas cartas de negocios están escritas en primera persona del singular o del plural como si el remitente sólo pensara en él mismo. Pero el destinatario se interesa por *él mismo* y quiere saber qué se le ofrece.

Por otro lado, es preferible usar un «Yo» o un «Nosotros» como sujeto y sólo emplear la voz pasiva cuando sea inevitable. La voz activa es mucho más fuerte y directa. Siempre es una persona o un grupo que piensa, hace, siente, etc. Se debe hacer que esta persona o grupo sea el sujeto de la frase siempre que sea posible.

En cuanto al uso de las reglas gramaticales no hay que ser muy puntilloso con ellas, ya que la incertidumbre sobre el uso correcto de las mismas a menudo conduce a una carta confusa. Mientras que un conocimiento básico de la gramática es obviamente útil, también hay que tener en cuenta que no es catastrófico si se ignora alguna de las reglas. Algunos de los grandes escritores han ignorado, de vez en cuando, las reglas gramaticales. Es mucho más importante dirigirse al destinatario tal y como uno es, como la persona que él o ella conoce. Si usted es una persona próxima natural y cálida el destinatario estará desconcertado si le escribe una carta como si fuera un distante profesor de universidad. Si usted es una persona informal el destinatario se quedará helado si le escribe una de esas cartas pasadas de moda, recargadas de jerga. En resumen, la regla de oro que dice «sé tú mismo» también se debe aplicar a la hora de escribir cartas.

Las mayúsculas

Actualmente hay una cierta tendencia a limitar el uso de las mayúsculas, sin embargo debemos utilizarlas en los siguientes casos:

1. Nombres propios de persona, países, ciudades, pueblos, villas, provincias, ríos, montañas, lagos, mares y océanos.

2. Títulos de libros, obras, artículos, revistas, capítulos de libros, discursos, óperas, canciones, etc.: «su obra favorita es *La casa de Bernarda Alba*», «el mejor libro sobre este tema es *Un mundo feliz*», etc.

3. Nombres de barcos, casas, hoteles, restaurantes, pensiones, etc.

4. Nombres comunes que se utilizan como propios para darles énfasis: «la Empresa repartió grandes beneficios», etc.

5. Cuando se refiere a una persona que posee un cierto rango de distinción: «el viaje del Rey a la India», etc.

6. A veces, en nombres comunes que acompañan a propios: «la Universidad de Salamanca», etc.

No utilizamos mayúscula inicial en:

1. Nombres comunes cuando se utilizan para asignar personas o cosas: «en España hay muchas universidades», etc.

2. Cualquier palabra empleada como nombre común: «existen muchos colegios y universidades en el país», etc.

3. Nombres de disciplinas generales utilizados en sentido genérico: «leo historia y economía», etc.

En caso de duda conviene tomar nuestras propias decisiones teniendo en cuenta que la tendencia es usar el menor número de mayúsculas posible. Una vez establecida la decisión hay que plasmarla en la carta. Una práctica excelente, tanto para el uso de las mayúsculas como para la ortografía, es consultar algún manual práctico de normas de ortografía, gramática y estilo.

La puntuación

Se podría escribir un libro entero sobre la puntuación. Pero el hombre de negocios, interesado principalmente en las cartas comerciales y las memorias, no necesita hacer un estudio profundo sobre ello. Unas pocas normas de sentido común es suficiente.

El punto: respecto a esa tendencia a hacer poco uso de la puntuación, la única excepción es el punto, que está ganando gran terreno ya que se aboga por las frases cortas. El punto también se utiliza después de iniciales y en las abreviaturas. Sin embargo, por ejemplo en los logotipos de empresas, debido a la necesidad de ganar cada vez más tiempo y tomar las decisiones con mayor rapidez, también estas pausas se están perdiendo cada vez más en la correspondencia. Por eso ahora se escribe SEAT, RENFE, etc. En caso de duda conviene consultar en un diccionario especializado.

La coma: este signo de puntuación indica la pausa más corta de todas y antes era utilizado muy a menudo. Actualmente, debido a la tendencia por la frase corta, la coma es utilizada mucho menos. Sin embargo, no es conveniente eliminarla del todo, ya que a veces es necesaria para aclarar. Entonces, si la omisión de una coma altera el significado, hay que dejarla. Se utiliza también para separar una lista de elementos, como por ejemplo «nuestra empresa manufactura frutos secos, pastas de sopa, salsas, y productos lácteos». Muchas autoridades académicas están de acuerdo en el uso de la coma antes de una «y», como en el ejemplo, aunque hay otros que insisten en que no es necesario. La coma no es necesaria cuando sólo hay dos elementos listados, como en «blanco y negro».

Muchos escritores utilizan las comas para introducir frases explicativas. Se deberá pues escribir: «El señor González, nuestro nuevo director de exportación, les visitará el próximo mes»; de lo contrario, si se omitieran las comas, se obtendría una frase de difícil significado: «El señor González nuestro nuevo director de exportación les visitará el próximo mes». La oración siguiente muestra también la necesidad de las dos comas, antes y después de la frase explicativa: «El señor Martínez, al que creo que conoció en la fiesta, también vendrá con nosotros a la reunión».

Delante de una cita también es necesaria la coma: «Él dijo, "Nos vemos mañana"». Como también lo es para separar varias partes de una misma cita: «"Nos vemos en la conferencia", dijo, "y no llegues tarde"». Cuando nos dirigimos a alguien, el nombre o categoría de tal persona debe llevar una coma antes y después: «Estará de acuerdo conmigo, caballero, de que este ha sido un año difícil».

El punto y coma: este signo de puntuación indica una pausa más corta que la del punto, pero más larga que la de la coma. La tendencia actual de reducir las frases, casi lo ha suprimido, especialmente en las cartas comerciales. Si una frase es tan larga que hay que dividirla con varios punto y coma, será mejor reducirla y descomponerla en frases más cortas.

Sin embargo, hay ocasiones, incluso en las cartas comerciales, en que un punto y coma contribuye a aclarar lo dicho y, por eso, no hay que dudar en utilizarlo. Por ejemplo, si se están listando distintos elementos, cada uno de los cuales se han de describir brevemente, la frase quedará más clara si se separa cada categoría con un punto y coma, y la descripción de cada uno de los elementos por comas. Podemos escribir: «Nuestro equipo de ventas es pequeño: López, Giménez y Soler, que se encargan del sur; Canales, Simón y Vera, que se encargan de la zona centro y norte; y Méndez, que se encarga exclusivamente de la zona oeste».

Algunas veces el punto y coma indica una pausa más larga. Esto ocurre cuando se omite una palabra. Si decimos: «Tenemos tres representantes que cubren las zonas de Galicia, Asturias y el País Vasco, pero sólo uno que cubre toda Cataluña», la coma encaja perfectamente, pero si omitimos la palabra «pero» necesitaremos una pausa más larga y, consecuentemente, el punto y coma será más adecuado. Por ejemplo: «Tenemos tres representantes que cubren las zonas de Galicia, Asturias y el País Vasco; sólo uno para toda Cataluña».

Los dos puntos: los dos puntos indican una pausa, algo más larga que la del punto y coma pero no tan larga como la del punto. Su uso es raramente necesario para las cartas comerciales, pero puede utilizarse en lugar de coma delante de una cita. Suele emplearse para introducir una lista, ejemplos o explicaciones: «A todos los que asistan a la rueda de prensa se les dará: una copia del comunicado, una serie de fotografías, y un pequeño regalo».

Los signos de interrogación: sólo se utilizan antes y después de una pregunta directa, nunca en una indirecta: «¿Ha llegado Juan?», pero, «Me preguntó si Juan había llegado». Estos símbolos también pueden ser utilizados entre paréntesis, para indicar que una palabra o frase es dudosa, aunque es más normal que aparezca en una memoria o informe que en una carta.

Los signos de exclamación: no se deben utilizar excesivamente en una carta comercial. Sólo en exclamaciones directas: «¡Hola a todos!», «¡Tienes muy buen aspecto!», «¡Saca de aquí este artilugio!». A veces se utilizan para indicar que la palabra o frase tienen una carga emocional. Algunas personas los usan para reflejar exuberancia, pero es mejor contenerse, especialmente en una carta comercial.

Comillas: se emplean antes y después de una cita. Si hay una cita dentro de otra, entonces es necesario comillas bajas para delimitar la primera y altas para la que se encuentra incluida en ella: «Uno de estos días», dijo M. D., «tendré que poner un cartel que diga: "Prohibido el paso"».

Las comillas, tanto altas como bajas, se utilizan para textos manuscritos también para títulos de obras, canciones, operas; nombres de pensiones, restaurantes, hoteles y un gran número de citas. Sin embargo, estos títulos cuando van en textos impresos se escriben en cursiva y no entre comillas.

Paréntesis: el uso del paréntesis es evidente. Sirve para incluir una breve explicación, o una referencia del tema principal. No se utiliza mucho en la correspondencia comercial, excepto para enumerar conceptos, como (1), (2), (3), etc. Si se utilizan hay que tener en cuenta que no son un sustituto de cualquier otro signo de puntuación, sino que deben ser insertados cuando les corresponda.

Antes de los paréntesis no debe ponerse coma, ya que los paréntesis introducen un comentario sin perderse la continuidad de la frase.

Guión: el guión se utiliza para unir dos palabras simples y así formar una compuesta. Con el tiempo, estas palabras separadas por guión se convierten en una sola y el guión desaparece. El problema surge cuando estas palabras compuestas están a punto de convertirse en una única palabra y algunos escritores les ponen guión y otros no. Lo más coherente que se puede hacer en estos casos es decidir qué tendencia se prefiere y unificar así todo el texto escrito manteniendo el mismo criterio. Debemos decidir, por ejemplo, si seguiremos un diccionario u otro, pero manteniendo siempre nuestra elección.

Guión largo: muchas personas llenan sus cartas de guiones largos en sustitución de otros signos de puntuación. Estrictamente, un guión largo sólo debe ser utilizado para provocar una pausa repentina en el razonamiento, la reanudación de un tema disperso, o una omisión, como una palabra malsonante o el nombre de alguien que, por alguna razón, debe mantenerse en el anonimato, también para realizar un inciso. Aquí vemos un ejemplo: «Lealtad, disposición, colaboración —estas son las cualidades que buscamos en nuestros empleados—, además de conocimientos sobre el asunto».

Tenemos que economizar en el uso del guión largo y antes de utilizarlo debemos preguntarnos si una coma o un paréntesis no serían igual de correctos.

Formas de dirigirse a los destinatarios

Gracias al presente libro, el lector será capaz de decidir, después de leer una carta que ha recibido, si debe contestar de una manera determinada y si es así, seleccionar los párrafos adecuados de los capítulos correspondientes, escribiendo su número de identificación y pasar luego el trabajo al mecanógrafo.

Si la oficina está equipada con un procesador de textos, pueden almacenarse párrafos y clasificarlos bajo distintos títulos. Luego, todo lo que necesitará hacer es recuperar los párrafos, editarlos añadiendo cualquier detalle necesario como el nombre y la dirección y presentarlo para la firma final.

Es útil añadir la firma y centrar un único tema por carta, incluso si lo que se tiene que decir es simple. Este sistema facilita la clasificación propia y la del destinatario. En algunas oficinas se han perdido muchas horas buscando cartas archivadas, para descubrir finalmente que estaban clasificadas por distintos temas.

Por lo general, las cartas comerciales dirigidas a una empresa deben encabezarse por «Señores» y acabar por «Atentamente». Pero cada vez es más frecuente el correo personalizado: «señor Alberto Sánchez; señora María Rodríguez», incluso «Mi querido señor, Mi querida señorita», si hay un trato cálido entre ellos.

Una alternativa consiste en dirigir la carta a la empresa pero añadiendo más adelante: «A la atención del señor, la señora, González». Si se decide utilizar esta forma, la apertura debe ser «Señores», ya que la carta va dirigida a una compañía y no a alguien en concreto.

Cuando el destinatario es una mujer, de la que se ignora si está casada o no, es preferible el trato de «Señora».

Si se quiere dar un toque más personal a una carta de negocios se puede iniciar a mano escribiendo: «Estimado señor, señora», «Estimado Juan», o «Estimada María», así como despedirse de la misma manera, a mano. Es muy interesante la calidez que este sistema añade a una carta.

Si se trata de una empresa especializada en la venta por correo, deberán enviarse cientos y miles de cartas. No obstante, las prestaciones de los actuales procesadores de textos permiten dirigirlas de un modo personalizado a cada cliente, precediendo su nombre de un «querido» o «querida» que añadirán una nota de amistad.

Se puede dar el caso de que algunos destinatarios tengan cierto título, posición, etc., y habrá que ingeniárselas para saber cómo dirigirse a ellos.

Para dirigirse a un abogado, un notario o un académico, se empleará la palabra «señor».

Para un diputado o un senador, se encabezará la carta por «Señor diputado» o «Señor senador».

Los títulos de nobleza por lo general no suelen mencionarse. Se escribirá pues, «Señor» o «Señora».

En cuanto a los médicos y cirujanos conviene preceder su nombre por «doctor».

En el apartado dedicado a las fórmulas, en las páginas siguientes, se encontrarán algunos ejemplos de correo redactado en inglés, que permitirán comparar las distintas formas que diferencian la cultura inglesa de la nuestra.

Para encontrar algunos otros ejemplos de tratamientos, se deberá consultar el «Apéndice».

SEGUNDA PARTE

LAS FÓRMULAS

CAPÍTULO 3

Cartas comerciales

■ ■ ■

Una carta comercial no es, ni más ni menos, que una presentación por escrito. Es tan fácil o tan difícil realizarla como una presentación en vivo. Más fácil porque se puede disponer de mucho tiempo para pensar lo que se quiere decir. Más difícil porque no se puede evaluar la reacción del receptor y seguir el discurso en función de ello. También más difícil porque una carta que va dirigida a un cierto número de personas, sean diez o diez mil, tiene que ser, por necesidad, más generalizada y consecuentemente se puede perder parte de su impacto.

Además no se puede escribir una carta comercial buena si primero no se han adquirido los principios fundamentales del marketing. Todo vendedor sabe que un cliente compra porque no está satisfecho con lo que ya tiene o porque quiere algo que no posee. De hecho no quiere simplemente un coche, quiere confort, comodidad, posición social. No quiere poseer una póliza de seguros, quiere seguridad para su familia y para él. Él, o ella, no quiere ropa, pero sí atraer al sexo contrario o mantener el interés del cónyuge.

En otras palabras, los clientes, o futuros clientes, compran los beneficios que les puede aportar un producto o un servicio, y son estas ventajas las que tiene que destacar un vendedor o una carta comercial.

Estas ventajas para los clientes, como se les llama dentro del vocabulario del marketing, están profundamente ligadas a las necesidades básicas del ser humano. La única diferencia es que en la sociedad actual, aumentar artificialmente estas necesidades, se ha convertido en una cuestión de posición social. Por eso, en vez de necesitar vivienda, comida, amor y seguridad, ahora tenemos la «necesidad» de una nevera de último modelo, la «necesidad» de un anillo de diamantes, mientras que ciertos elementos se han convertido en símbolos y han adoptado una necesidad distinta de la que aparentemente tenían.

Sin embargo, todas estas necesidades se han reducido al propio interés. Los clientes se interesan principalmente por ellos mismos y por sus familias. No por usted, por su compañía o por su producto, sino por ellos mismos y por las necesidades que su producto puede satisfacerles.

El vendedor y las cartas comerciales con éxito acentuarán los beneficios que el producto tendrá para el cliente y deberán adoptar el punto de vista del cliente. El discurso del vendedor y de la carta comercial estarán construidos con «tú/usted» y «tu/su», mientras que los «yo» y «nosotros» serán dejados aparte.

La presentación cuidadosamente preparada del vendedor tendrá un objetivo: conseguir una venta. Este objetivo se fijará firmemente en su mente a lo largo de su discurso, ya que es el que lo estimula desde el principio hasta el final, y cuando llegue al punto álgido de su argumento intentará cerrar la venta utilizando una de las muchas técnicas que tendrá en sus manos. Lo mismo ocurrirá con la carta comercial. Debe mantener un único objetivo claro e inequívoco: conseguir la venta.

Los norteamericanos siguen una técnica de venta cuyos pasos se describen a continuación:

Primer paso: ¡Ejem! De esta manera el vendedor atrae la atención inicial de su audiencia para iniciar su discurso.

Segundo paso: ¿Por qué nos interesa este producto? El vendedor responde de esa manera a la pregunta que el posible cliente se está planteando en su fuero interno, explicándole qué ventajas le supondrá el producto.

Tercer paso: ¿Por ejemplo? El cliente no asimila en una primera valoración los argumentos del vendedor, incluso sin decir nada, mentalmente se pregunta sobre cada uno de los puntos desarrollados, a cada paso. Así que en el tercer paso el vendedor da soporte a cada afirmación con ejemplos específicos, hechos, figuras, fotografías, etc.

Cuarto paso: ¿Y qué? El vendedor debe anticiparse a las preguntas que todavía se plantea y animarlo a realizar la compra rellenando la hoja de pedido u otra cosa en función de la situación.

Esta fórmula puede ser seguida casi exactamente igual en una carta comercial. En otras palabras, toda carta comercial debe:

1. Ganarse la *atención* del lector, tanto como el «¡Ejem!» del vendedor.
2. Despertar y mantener su *interés*.
3. Mantener su *deseo* por la sugerencia de la carta.
4. Hacer que la *acción* sugerida por la carta sea urgente.

de hecho, difiere muy poco de la honorable fórmula AIDA para escribir cartas comerciales, que utilizan los norteamericanos. Sus iniciales significan:

Atención

Interés

Deseo

Acción

La frase inicial es la más importante de toda la carta, así que si no se tiene éxito con ella para ganarse la atención del lector, todo el esfuerzo habrá sido estéril. La carta acabará en la papelera junto a otras innumerables circulares. Normalmente un hombre de negocios tiene un montón de cartas para leer cada día. Está ocupado y presionado por el tiempo. Da un vistazo a una carta circular y si nada le llama la atención la elimina sin volver a mirársela.

¿Cómo vamos a cautivarle para que siga leyendo? Podemos atraer su interés, dándole unas cuantas noticias llamativas que enciendan su curiosidad. Se puede comenzar la carta con una frase tradicional de introducción o mejor todavía en una carta destinada a un profesional con un encabezamiento como el del siguiente ejemplo:

«Cómo hacer crecer las ventas en ...».

O se puede variar en una de sus múltiples posibilidades:

«Qué hacer para aumentar sus ventas en ...».
«Usted también puede aumentar las ventas en ...»

Si decide llamar la atención en el primer párrafo puede utilizar uno de los siguientes consejos:

1. Ir directo al objetivo y decirle cómo pueden beneficiarle nuestros productos o servicios.

2. Decirle más prosaicamente pero con claridad lo que queremos que haga y cómo va a cambiar su vida.

3. Adularle preguntándole por algún consejo o pidiéndole que nos haga un favor.

4. Asustarle con algunas noticias alarmantes sobre un proceso o técnica nuevos.

5. Darle un poco de información útil acerca de su propio negocio, empresa o profesión.

A veces, se puede captar la atención del lector simplemente con estilo y personalidad, incluso cuando ignoramos, ingenuamente, todas las reglas, o la mayoría de ellas. Muchas de las cartas comerciales que han tenido más éxito en todo el mundo han sido de este tipo. Es conveniente tener esto en cuenta.

Habiendo desarrollado satisfactoriamente la explicación de la atención («A»), estamos preparados para continuar con el segundo paso, la «I» de interés. Debemos crear un párrafo corto que siga a la cabecera de presentación o primer párrafo. Este debe responder inmediata y satisfactoriamente a las preguntas que van surgiendo en la mente del lector: «¿Qué es esto?» «¿Qué va a hacer por mí?» «¿Por qué tengo que leerlo?», o preguntas parecidas.

En otras palabras, el segundo párrafo debe mencionar inmediatamente el primer beneficio o el más importante que el producto o servicio ofrece. Debe despertar el interés del lector y preparar el terreno para el siguiente paso, la «D» de deseo.

Este tercer paso suele requerir varios párrafos, pero, sin lugar a dudas, debemos eliminar algunos para que la carta resulte todo lo breve posible.

La regla de oro de este paso es: destacar las ventajas para el cliente. Traerlo a casa. Hacer que el lector se sienta insatisfecho con lo que tiene o con lo que no tiene. Decirle lo que el producto hará por él, por su negocio, su familia, su vida amorosa. Extraer sus emociones. Mostrarle entusiasmo. El entusiasmo es como el fuego, se extiende rápidamente.

No se puede esperar que el lector se crea palabra por palabra lo que se le dice. Hay que introducir pruebas. Un buen testimonio, o incluso dos, constituyen una buena idea. Principalmente hay que darle razones para comprar el producto o el servicio. En otras palabras, decidir cuáles son las principales ventajas que esta propuesta ofrece al cliente y trabajarlas en su beneficio.

Ahora estamos preparados para la fase final, la que empuja al lector a la acción que nosotros queremos. Esta dependerá fundamentalmente del producto.

No se trata en absoluto de que firme un cheque y pida un producto o docenas de él. La propuesta puede requerir la intervención de uno de los comerciales. Y en este caso lo que queremos es concertar una cita con él.

O quizá se requiera la firma del cliente, en el espacio apropiado, para que renueve su suscripción.

O quizá queremos que responda y envíe un folleto descriptivo u otro documento impreso.

Pero cualquiera que sea la acción requerida, debemos estar seguros de hacerlo del modo adecuado.

De hecho, si queremos su cheque, nuestra labor será más dura y debemos intentarlo y lograrlo antes de que su deseo por nuestra proposición se desvanezca.

Si le decimos que haga primero el pedido y que más tarde le cobraremos, observaremos que será más fácil persuadirle.

Si simplemente queremos que el destinatario nos remita una respuesta para que le enviemos un folleto gratuitamente o para concertar una cita, nuestra labor será mucho más sencilla, pero incluso así, debemos actuar lo más cómodamente posible para él. Debemos adjuntar una tarjeta o sobre de franqueo en destino, o si estamos buscando una cita tenemos que intentarlo diciendo: «Mi secretaria le telefoneará para concertar una cita».

Siempre que sea posible hay que enviar las cartas comerciales personalizadas individualmente. En estos casos se podrán iniciar con «Distinguido señor González» o «Estimada señora González». Nada impacta más que el uso de nombres propios. La llegada del procesador de textos hace muy fácil almacenar e imprimir los sobres rápidamente, también incluir los nombres y direcciones de los destinatarios, así como la expresión «Estimado señor» o «Estimada señora». Parecerá que cada carta haya sido escrita individualmente, mejorando así su efectividad.

Habrá ocasiones en que no dispondremos de nombres actualizados y en estos casos tendremos que comenzar las cartas con «Estimados señores».

Una alternativa mejor, siempre que sea posible, es escribir «Distinguido comerciante», «Estimado conductor», o lo que proceda.

Los párrafos de introducción que vienen a continuación empiezan según diversas fórmulas.

Los párrafos agrupados bajo la misma referencia son indisociables y deben utilizarse como una unidad.

Introducción

| 1 | Estimado/a señor/a,

¿Le gustaría aumentar su volumen de ventas sin tener que invertir capital adicional?

Entonces ¿por qué no añade nuestra gama de ...... a su surtido de alfombras? Hay muy pocos productos de calidad que ofrezcan tan excelentes ventajas sin invertir capital en el negocio.

Versión inglesa del parágrafo precedente

| 1 | Dear Sir or Madam,

Would you like to increase your turnover without tying up additional capital?

Then why not add line of ...... to your range of carpets? There are very few quality products which show such excellent profits without tying up capital in stock.

| 2 | Señor/a,

Usted también puede aumentar su volumen de ventas sin invertir ningún capital adicional.

Puede hacerlo si se convierte en un agente de ...... e incorpora nuestra línea de ...... a su surtido de ...... Muy pocos productos le darán tan excelente margen de beneficios sin la necesidad de invertir un valioso capital en el negocio.

| 3 | Estimado cliente,

<u>Cómo aumentar su volumen de ventas sin invertir capital adicional</u>

Cada vez más especialistas en alfombras realizan el montaje de ventanas como complemento a su línea de productos y como consecuencia se convierten en distribuidores de persianas enrollables ...... Pocos productos ofrecen tan excelente potencial de beneficio sin necesidad de invertir capital en el negocio.

Señor,

4

Ya puede aumentar su volumen de ventas sin invertir capital suplementario

¡Parece mentira pero es cierto! Lo conseguirá simplemente añadiendo a su surtido de ...... nuestra línea de ...... Nuestros dos productos se complementan perfectamente y lo único que usted necesitará para vender nuestro ...... es un espacio de un par de metros cuadrados y sin realizar más inversiones.

Señor/a,

5

Una solución para las chimeneas que humean

Al fin ahora ya puede ofrecer a sus clientes un remedio realmente seguro para sus chimeneas que humean.

Estimado señor,

6

¿Ha olvidado alguna vez que cuidar su jardín es una tarea lenta y laboriosa y ha deseado tener una varita mágica que lo hiciera en un instante?

Bien, no podemos llegar a ofrecerle una varita mágica, pero sí nuestro ......, que verdaderamente le facilitará mucho las cosas.

Estimado/a señor/a,

7

¿Ha deseado alguna vez poder limpiar y revisar su coche sin que sus manos se engrasen y ensucien?

Nuestro fabuloso y nuevo ...... ha sido especialmente desarrollado para hacer que su deseo se convierta en realidad.

Señor/a,

8

Cómo reducir costes gracias a los contenedores de cartón ondulado

Como todos los transportistas marítimos, usted no deja de buscar nuevas maneras de ahorrarse dinero en el empaquetado de sus productos. Los contenedores en cartón ondulado son la solución ideal. Pueden reemplazar con toda garantía los bidones de metal y muchos otros embalajes caros, reduciendo considerablemente las facturas de empaquetado.

9 Señor,

¿Se ha detenido alguna vez a pensar cuánto tiempo y esfuerzo se pierden diariamente en su empresa para trasladar equipos y productos de un lugar a otro de la planta? ,

Piense en los gastos y la energía que ahorraría si fuera posible estudiar científicamente todos esos desplazamientos e instalar un equipo de mantenimiento especialmente concebido a este efecto.

10 Estimado señor,

Simplemente rellene el cupón adjunto y recibirá un ejemplar de ...... que usted podrá examinar tranquilamente en su hogar. Si cree que este libro no le será útil para futuras decisiones a la hora de invertir, entonces nos lo puede retornar y no estará sometido a ninguna obligación de compra.

11 Estimada señor/a,

¿Cree que un hombre de negocios capacitado podría tener un valioso producto sin darse cuenta?

Bien, este es su caso si usted no se da cuenta de que sus empleados son el activo más valioso de su empresa.

Si quiere saber cómo cuidar estos valiosos productos, escríbanos para recibir un ejemplar de ....

12 Señor/a,

No deje que la llegada de la primavera le coja desprevenido. Llame ahora al número de teléfono ...... para pintar su casa mientras todavía disponemos de fechas libres en nuestra agenda.

13 Estimado/a señor/a,

Si es tan amable de firmar y devolvernos el formulario de la oferta especial recibirá, completamente gratis, un ejemplar de ...... especialmente concebido y creado para nuestros clientes con ocasión de nuestro 25 aniversario.

Señor,   **14**

¿Se están reduciendo sus beneficios?

¿A causa de un material anticuado que le hace perder el tiempo y continuamente debe ser reparado?

¿Sí? Entonces es el momento de detener esta pérdida de beneficios.

Señor,   **15**

Sabemos lo ocupado que está y no nos gustaría molestarle, pero necesitamos su ayuda y asegurarnos de que usted cooperará encantado. Lo que nos gustaría saber es los nombres de una docena de empresas como la suya, que podrían, como usted, beneficiarse de la lectura de ....

¿Podemos pedirle que escriba sus nombres y direcciones en el formulario adjunto y enviárnoslo en su sobre correspondiente?

En consideración por su ayuda le enviaremos una agenda, confeccionada especialmente para nuestros clientes.

Señor/a,   **16**

¿Sabe que podría reducir sus gastos de luz si utiliza bombillas ......?

Las bombillas ...... le ahorrarán dinero de dos formas: primero, duran más que cualquier otra bombilla, y segundo, se limpian más fácilmente permitiendo ganar tiempo a su personal de mantenimiento.

Señor/a,   **17**

Cómo reducir el gasto en los transportes

¿Sabe usted que los gastos de transporte pesan enormemente sobre los beneficios?

Nosotros hemos hecho el cálculo y hemos concebido un plan que, al igual que en nuestro caso, le permitirá ahorrar en un periodo determinado.

Señor,   **18**

¿Cuántas horas de trabajo perdió el año pasado permitiendo que en su empresa se trabajara con un equipo inseguro?

Un trabajador de baja le costará cada día más que unas buenas gafas o zapatos, dejando aparte las consideraciones humanas.

19 Señor/a,

¿Quiere doblar su producción, disminuir sus gastos en un 30 % e instalar, al mismo tiempo, un equipo completo de calidad?
Entonces deshágase de su anticuado ...... y cámbielo por ....

20 Señor/a,

¿Cómo duplicar su producción sin aumentar los gastos?

Suena demasiado bonito para ser cierto. Pero lo es. Todo lo que necesita hacer es retirar su sistema ...... e instalar el sistema completamente automático de ....

21 Señor,

¿Problemas de producción?
No podemos resolvérselos todos, pero nuestro ...... es la respuesta a muchos de ellos.

22 Señor/a,

¿Se ha encontrado ya con problemas en el momento de exponer sus productos?
Entonces deje que ...... los solucione por usted, así de sencillo y de un modo económico.

23 Estimado cliente,

El toque de lujo que hace que sus beneficios aumenten

Como todos los constructores usted no duda en añadir a sus casas un toque de lujo que le permita aumentar el precio de venta. Pero no desea que le salga a usted demasiado caro.
Nosotros hemos concebido un modelo especial de nuestro popular ......, que le proporcionará todo eso que usted busca pero sin que por ello se vean reducidos sus beneficios.

24 Señor/a,

¿Prefiere los hombres que hablan a aquellos que actúan?
Si es así, usted no necesitará nuestros servicios, ya que no tenemos ni un hombre de este tipo en nuestro equipo de redactores, maquetistas y diseñadores.

Señora,   25

¿Está usted preparando sus vacaciones en la playa? Entonces debería colocar en su maleta un bañador distinto al de los demás. Nuestra colección de bañadores está diseñada especialmente para usted.

Señora o señor,   26

Quizá ya haya oído hablar de un conocido fabricante de aparatos eléctricos que recientemente ha sufrido un importante revés. Estamos seguros de que sabe a quién nos referimos aunque no citemos su nombre.

Bien, pues resulta que esa situación que le ha afectado nos ha permitido comprar, a un precio muy interesante, un lote importante de ...... y nos gustaría que usted aprovechara esta ocasión ofreciéndole algunos artículos a un precio hasta ahora nunca visto.

Señora,   27

Con ocasión de la apertura de nuestro nuevo salón de belleza, tendremos el placer de contar con la figura del prestigioso peluquero Henri, que ha hecho expresamente el viaje desde París.

Si usted lo desea, podrá también aprovecharse del talento de este artista que ha peinado a las más bellas mujeres del mundo.

Estimado cliente,   28

¿Limpieza en seco en mitad del verano? ¿Por qué no, si puede tener el trabajo hecho con un considerable ahorro? Desde ahora hasta el 15 de julio todo lo que tenga que limpiar en seco será efectuado con un 25 % de descuento respecto al precio habitual.

Señor,   29

Miles de comerciantes han escogido nuestros armarios empotrados.

¿Y usted? ¿No tiene problemas de espacio para el almacenaje? Si los tiene, ¿por qué no deja que le ayudemos?

Señor/a,   30

¿Necesita decirle algo a un compañero de trabajo?

Entonces instale un sistema de interfono y mantenga sus líneas telefónicas libres

31 Señor,

Érase una vez un ingeniero que necesitaba una válvula de control remoto y descubrió que ...... fabricaba precisamente lo que buscaba. Más tarde quería una válvula mecánica y descubrió que ...... también se la proporcionaba.

Sus proyectos siempre requerían alguna clase de válvulas y cada vez comprobó que ...... podía darle lo que buscaba. Ahora este hombre se siente satisfecho de haber confiado en ......

32 Señor/a,

¿Le preocupa la falta de personal especializado, el crecimiento de producción o la competencia despiadada?

Libérese de esos tres problemas dejando que ...... los resuelva de una vez.

33 Señor/a,

¿Pide siempre lo imposible?

Eso no nos preocupa porque lo imposible no existe para ....

34 Señor/a,

¿Tiene todos los datos a su alcance?

Eso es imposible, piense si con ......

35 Estimado señor,

¿Ha leído algún artículo sobre esa empresa que ha decidido ahorrar 50 millones de pesetas al año y aumentar su rendimiento, incluso después de haber prescindido de 20 personas?

¿Le gustaría saber cómo puede hacer lo mismo con su empresa?

36 Estimado/a señor/a,

No se vaya a la Luna si necesita más espacio.

¡Déjenos mostrarle cómo aumentar el espacio que usted ya tiene!

Versión inglesa del parágrafo precedente

Dear Sir or Madam,   36   36

Don't move to the moon if you need more space.
Let us show you how to make the most of the space you've got!

Señor,   37

¿Le gustaría que ...... supervisara a su grupo de vendedores?
Inmediatamente podrá descubrir quién no cumple sus objetivos.
Pero eso no es todo lo que ...... puede hacer.

Desarrollo

Primeramente, nuestros precios de venta son muy competitivos,   38
dejándole total libertad de acción para obtener un margen de beneficio
sustancial.
Segundo, nuestro surtido de ...... complementa admirablemente
sus propios productos. De hecho, nuestros atractivos ...... podrían ven-
derse casi por sí solos, ya que cuando un cliente viene a nuestra
tienda a comprar un ...... nuevo, también está casi siempre interesado
en otros productos para la casa.
...... es una empresa que se da cuenta de las posibilidades que
ofrecen sus productos. Sólo en el primer año vendieron ...... proporcio-
nándoles unos beneficios netos de .... Están convencidos de que
este año duplicarán esta cifra. ¡Y todo sin añadir ni una peseta al negocio!

Instalar ...... es juego de niños, no necesita ningún tipo de manteni-   39
miento y es fiable durante muchos años.
Por si esto no fuera suficiente, sólo les costará a sus clientes alrededor de ......, dejando para usted un margen muy atractivo, ya que su-
ministraremos cien unidades de ...... por ...... pesetas.
Tenemos miles de clientes satisfechos con nuestros productos y si
usted desea dar referencias a sus clientes, le podemos proporcionar
los nombres.

40   El producto se anuncia tanto en la prensa nacional como en las revistas del corazón, y los centenares de demandas pidiendo información que nos llegan diariamente son inmediatamente atendidos por nuestros comerciales.

41   Como usted debe haber notado, nuestros productos se anuncian enormemente, con la finalidad de que nuestro minorista ya los tenga medio vendidos.

42   Uno de nuestros clientes, ... de ...... solía transportar sus productos químicos en bidones metálicos y su factura anual por almacenarlos subía, habitualmente, alrededor de unas ...... pesetas. El año pasado adquirieron nuestros contenedores especiales ...... forrados de polietileno, ahorrándose ni más ni menos que ...... pesetas en facturas de almacenaje.

Nuestro contenedor ...... ofrece una protección perfecta a los productos de ...... y estamos en disposición de otros contenedores que encajarán perfectamente con sus necesidades. ¿Por qué continuar pagando de más utilizando bidones metálicos, si nuestros contenedores especiales tienen las mismas ventajas y cuestan menos de la mitad?

43   Sólo con su autorización y nuestros técnicos vendrán a efectuar un escrupuloso estudio de los distintos movimientos de materiales y luego le explicarán cómo racionalizar los diversos flujos.

¿El resultado de ello? Aumentar la productividad, personal más motivado, mayor seguridad y eficacia, todo lo que, como usted estará de acuerdo, es sinónimo de beneficios.

44   Conocer el valor real de sus acciones, saber cuándo vender o comprar, aprender a leer una tabla o reconocer ciertas indicaciones premonitorias. Esto es lo que el libro puede revelarle.

Pero eso no es todo; cada uno de los veinte capítulos del libro está atestado de información útil para el inversor. Tanto si dispone de diez o diez mil acciones, le enseñará cómo hacer que su dinero rinda al máximo para usted.

Nuestro equipo de pintores y decoradores trabaja cuidadosamente y sin molestar para que usted y su personal no noten que están ahí. Ni siquiera nuestra factura afectará excesivamente sus gastos. Por eso ¡piense en las ventajas de una oficina renovada! ¡Mejorará el grado de satisfacción de los empleados, los clientes quedarán impresionados, su local experimentará una segunda juventud, el aburrimiento se reducirá, todo esto por el precio de una nueva capa de pintura!

45

Deje que nuestra empresa le solucione sus problemas y le aconseje sobre el equipo más seguro para su operación en particular. Nuestros expertos están impacientes de poder ayudarle y tenemos una gama completa de equipos de seguridad para cada variedad industrial.

Recuerde: los accidentes hacen aumentar el coste de la producción, desmoralizan, hacen perder tiempo y material. Para sus empleados es un buen negocio tener un equipo seguro. La marca ...... es la mejor.

46

De hecho, ... fabrica cientos de tipos de válvulas y cada una de ellas con la más alta fiabilidad. Tanto si necesita una válvula de restricción, directa, de detención, de dilación o de regulación, una válvula manual, mecánica o de control remoto .... es donde debe acudir. Fabricamos las válvulas pensando en sus necesidades.

47

Diseñado pensando en usted, cada uno de nuestro bañadores está garantizado para reducir su línea y atraer miradas de admiración. Los colores son preciosos, el corte superior y se adaptan perfectamente.

48

La respuesta es .... Incluso siendo más pequeño que una máquina de escribir portátil, este milagro de la tecnología moderna puede realizar sus gráficos de un modo sencillo.

Gráficos lineales, gráficos de barras, gráficos circulares, completados con sombreados de distintos tipos, ... puede manipularlos todos. Y cualquiera de sus empleados puede utilizarlo sin ningún tipo de preparación.

Por el módico precio de ...... pesetas usted puede ahorrar muchas horas a su personal en la elaboración de estos gráficos, obteniendo unos resultados seguros.

49

50   Fáciles de instalar y desinstalar, perfectamente adaptables a una gran variedad de espacios, con una imagen completamente moderna, increíblemente fuertes y duraderas, las estanterías ...... son, sin lugar a dudas, la respuesta a los problemas de exposición de cualquier producto.

51   Las ventajas ofrecidas por el procesador de textos ...... son muchas, y no es ninguna exageración. Edita cartas de un modo impecable que mejorará enormemente la imagen de su empresa. Aún más, el procesador de textos ...... es mucho mejor que cualquier máquina de escribir. Con la ayuda de la impresora apropiada elaborará todo su correo, simplemente tocando una tecla y añadiendo las direcciones correspondientes. Presione otra tecla y el .... imprimirá los sobres para completarlo.

Los párrafos estándar o las cláusulas pueden ser almacenados en la memoria del .... para poder ser insertados luego en cartas o documentos.

Se simplificará enormemente la elaboración de complicados informes, ya que su secretaria no tendrá que escribirlos palabra por palabra. La función de edición del procesador de textos ...... permitirá a su secretaria teclear simplemente los cambios que usted requiera y así poder almacenar el documento para una posterior necesidad.

52   Este folleto le presentará con una sola hojeada toda la información que usted necesita, rápidamente y de una forma sencilla.

Tanto si está interesado en un rápido y eficiente control de ventas, de *stock*, de compras o de producción de sus libros contables, el sistema ...... es la respuesta.

Versión inglesa del parágrafo precedente

52   The ...... range of visible records gives you all the facts at a glance-simply, accurately, speedily.

Whwther you are interested in quick and efficient control of sales, stocks, purchasing, production of ledgers, the ...... system is the answer.

...... también puede encargarse de su facturación y control de
stock. Cuando se produce la facturación, los *stocks* quedan automáticamente actualizados. Por lo tanto, esto significa que ...... lleva a cabo
dos tareas muy importantes casi simultáneamente.

`53`

Considere estos hechos: todo lo que necesita hacer es un surco o
una zanja poco profunda con la azada, esparcir un puñado de ...... en
su interior y sembrar las semillas en la parte superior. Sin cavar, sin
cultivar. ...... hará el trabajo por usted, mejorando gradualmente la calidad del suelo.

`54`

¿Por qué no viene y lo ve usted mismo?

`55`

Conclusión

Esperamos verle pronto. Apresúrese antes de que se agoten los
modelos más bonitos.

`56`

¿Por qué no nos escribe ahora para recibir una muestra?

`57`

Nuestro representante técnico estará muy pronto en su zona y le
telefoneará para concertar una cita. Será un placer para él darle detalles completos del ...... sin ninguna obligación por su parte.

`58`

¿Por qué no llama y le dice a nuestro representante técnico que
venga y le explique detalles más completos?

`59`

El ...... se puede adquirir en todas las tiendas de productos eléctricos. ¿Por qué no se acerca a la más cercana y ve una demostración
de este maravilloso instrumento?

`60`

¿Podemos traerle un ...... para mostrárselo? Nuestro representante
estará por su zona la próxima semana y le telefoneará para concer-
tarle una cita.

`61`

Si es tan amable de mandarnos la tarjeta adjunta, nuestro representante se pondrá en contacto con usted tan pronto como nos sea
posible.

`62`

63 ¿No es mejor que se ponga pronto en contacto con nosotros?

64 ¿Por qué no deja también que ...... aumente su facturación? Nuestro representante se pondrá pronto en contacto con usted.

65 Consiga una copia ahora.

Versión inglesa del parágrafo precedente

65 Better get a copy now.

66 Por favor, utilice la tarjeta de respuesta adjunta. No le comprometerá a nada y podrá dirigir a su empresa para que gane en velocidad y eficiencia.

67 ¿Por qué no le dice a su secretaria que nos haga una llamada? Estaremos encantados de poder venir y explicarle más detalladamente cómo ...... puede asegurar el dinero de su empresa.

68 ¿Me permitiría venir a visitarle y explicarle más sobre nuestros servicios?

69 ¿Por qué no echa un vistazo a su armario y nos trae su ropa para que se la limpiemos hoy? Recuerde: nuestra oferta especial está disponible sólo hasta el 15 de julio.

70 Pero recuerde: *Monsieur* Henri sólo estará aquí una semana. No pierda su oportunidad. Venga ahora mismo.

71 Las muestras están a su disposición si las requiere y sin ninguna obligación. Escriba hoy.

72 No se duerma. Reaccione ahora. Simplemente rellene la parte superior de esta carta y mándenosla en el sobre adjunto. Nosotros haremos el resto.

Pídanos la oferta antes de que se nos acaben las existencias. Si lo **73** hace se sentirá bien.

¿Le gustaría ver ahora en su propia oficina una demostración de **74** ......? Entonces rellene la tarjeta de respuesta adjunta y nosotros haremos lo necesario.

CAPÍTULO 4

Recepción de pedidos y de sugerencias

■ ■ ■

Los hombres de negocios están de acuerdo en que recibir una orden de pedido es el acontecimiento más importante del día. Pero a veces desearían pedidos más grandes y mejores. ¿Por qué esos pedidos no llegan? ¿Transmite siempre a sus clientes el reconocimiento adecuado?

El primer y más importante requisito es responder a cada pedido recibido, preferiblemente el mismo día. Si su empresa recibe un número discreto de pedidos grandes, en lugar de cientos de pequeños, entonces será conveniente responder a cada uno con una carta personalizada. Sin embargo, muchas grandes empresas tienen que recurrir a una carta impresa o una tarjeta postal de contestación, especialmente si diariamente reciben un gran número de pedidos.

Con la llegada de los procesadores de texto, cada vez más empresas envían acuses de recibo personalizados, que mejoran enormemente las relaciones con los clientes.

El tipo de respuesta escrita dependerá del tipo de negocio y del tipo de pedidos que se reciben. Los minoristas, por ejemplo, escribirán una carta de agradecimiento a un cliente que habrá hecho su primera compra tras la apertura de una cuenta. En estos casos, todo lo que se requiere es decir «gracias», dar la bienvenida al nuevo cliente, hacerle sentir satisfecho por su elección de compra y, si es necesario, adjuntar un folleto que pueda inspirarle para sus próximas compras. En poco

70

tiempo, este tipo de agradecimiento se ha convertido en un mensaje de buena voluntad, un ejercicio de relación con los clientes. Debemos seleccionar las cartas adecuadas de las siguientes páginas, introducirlas en la memoria del procesador de textos y acudir a ellas cada vez que sea necesario.

Si el pedido todavía no ha podido satisfacerse, la carta de reconocimiento servirá, como propósito adicional, para decir al cliente cuándo se espera que la mercancía sea enviada. Esto puede ocurrir en casos de manufacturas o con mayoristas, pero también con cualquier empresa de venta por correo.

Además debemos asegurarnos de mencionar la fecha en la que recibirán el pedido y cómo le será enviado. Si sólo podemos efectuar una parte del pedido, tenemos que dejarlo claro en el acuse de recibo, ya que el cliente podría molestarse con nosotros si le mandamos parte de la mercancía sin dar ninguna explicación. Igualmente, si no podemos facturarlo en un periodo razonablemente corto, también necesitaremos dar alguna explicación. Debemos intentar que el cliente piense que el estado del pedido está en orden.

En el caso desafortunado de que no podamos servir el pedido tal y como nos lo han requerido, entonces tenemos que sugerir alguna alternativa y hacer todo lo posible para persuadir al cliente de que esta también satisfará sus necesidades. No tenemos que enviar nuestra alternativa sin permiso del cliente si no ha habido antes un acuerdo.

A menudo tendremos que pasar el pedido a otro departamento o a un proveedor que se encuentre en la misma zona del cliente o, si no, dejar que otra persona se encargue de ello. Obviamente, en estos casos tendremos que mencionarlo en el acuse de recibo, enviando una copia al departamento o proveedor correspondiente.

Frecuentemente nos encontraremos que un cliente no nos da toda la información necesaria para poder completar el pedido. Puede olvidarse de la talla, el color, el calibre, el voltaje o cualquier otro detalle esencial. Cuando le escribamos tenemos que preguntarle, lo más claro posible, la información necesaria.

Recepción de sugerencias

Los clientes y los usuarios en general pueden enviarle sugerencias de cualquier tipo. Tanto si son buenas, malas o indiferentes, cada una de ellas debe ser respondida dando a entender al cliente que se está agradecido por ello y que su sugerencia será reflexionada.

Las dos reglas esenciales relacionadas con las sugerencias de los clientes y los usuarios son: 1. responder rápidamente, 2. demostrar agradecimiento por la sugerencia. Lo que digamos después de esto dependerá de la naturaleza de la sugerencia y de si pensamos llevarla a cabo o no. Debemos tener un tacto especial con las sugerencias irrealizables.

Hay casos en que es necesaria la ayuda de algún departamento jurídico y cualquier carta que reclame una compensación financiera por la supuesta utilización de una de esas sugerencias, deberá ser tramitada lo más rápidamente posible por la vía legal.

Introducción - Pedidos

75 Estimada señora,

Nos sentimos muy complacidos de poder darle la bienvenida a nuestra tienda y de que efectúe su primera compra con nuestra tarjeta de crédito.

76 Estimada señorita,

Gracias por su visita de ayer a nuestra tienda y por efectuar su primera compra mediante el sistema de cuenta de crédito.

77 Estimada señorita,

Nos gustaría darle a conocer cuánto apreciamos su visita de ayer en la que usted efectuó su primera compra tras abrir su cuenta de crédito.

78 Señores,

Nuestro más sincero agradecimiento por su primer pedido. Apreciamos realmente su interés en nuestros productos y nos ponemos completamente a su disposición.

Versión inglesa del parágrafo precedente

78 Dears sirs,

Our sincere thanks for your opening orders. We certainly appreciate your interest in our products and this opportunity of being of service to you.

Estimado señor,

79

Bienvenido a nuestra creciente familia de propietarios de .... En el libro de mantenimiento adjunto, encontrará en la primera página un vale para una revisión gratuita a los mil kilómetros. Esperamos tener noticias suyas muy pronto.

Apreciada señorita,

80

Bienvenida a la gran familia de propietarios de .... y gracias por enviarnos la tarjeta de garantía. Como habrá deducido de la tarjeta, su ...... está garantizado durante ...... años por cualquier defecto de fabricación.

Señores,

81

Muchas gracias por su primer pedido. Realmente esperamos serles de utilidad y apreciamos su interés por nuestros productos.

Señor,

82

Es un placer darle la bienvenida al creciente y gran grupo de clientes de ...... Puede estar seguro de que su primer pedido, recibido esta mañana, tendrá una atención rápida y cuidadosa.

Señores,

83

Nos sentimos encantados de haber recibido esta mañana su primer pedido y consideramos un privilegio poder hacer negocios con su empresa.

Señores,

84

Nuestro más sincero agradecimiento por su primer pedido, recibido hoy. Es un gran placer el que su empresa se encuentre entre nuestros clientes y esperamos que esta colaboración sea fructífera.

Apreciada señorita,

85

Respecto a su pedido n.º ...... con fecha del 23 de marzo
Deseamos expresarle nuestro sincero agradecimiento.

86   Apreciado señor,

Respecto a su pedido n.º....... con fecha del 23 de marzo
Será agradable para usted saber que lo estamos preparando ....

87   Estimada señorita,

Fundas de plástico
Gracias por su pedido n.º ...... con fecha del 16 de junio.

Introducción - Sugerencias

88   Estimada señorita,

Gracias por su sugerencia tan constructiva relacionada con la forma de nuestros ...... de cartón.

89   Estimado señor,

Es muy amable por su parte el hecho de escribirnos acerca de nuestra publicidad.

90   Estimado señor,

Gracias por su carta, fechada el pasado 10 de junio, en la que nos sugiere mejoras para el sistema de cierre de nuestras latas ....

91   Apreciada señora,

Nos sentimos muy agraciados por su carta fechada el pasado día 23 de abril en la que nos sugiere distintas formas para poder utilizar nuestro ....

Desarrollo - Pedidos

92   Creemos, con bastante seguridad, que usted estará más que satisfecho con el ...... que ha elegido y nos complace de antemano servirle por muchos años.

93   Estamos seguros de que encontrará esta forma de comprar, más cómoda y sin problemas y esperamos verla más a menudo por nuestros almacenes.

El folleto le ayudará a guiarse por el interior de nuestros grandes almacenes y le dará otras indicaciones acerca de los demás servicios que ...... puede ofrecerle. **94**

...... será distribuido por nuestra propia camioneta el 30 de enero y esta será la fecha de nuestra factura. Por ser este su primer pedido, seguramente usted estará interesado en saber cuáles son nuestras condiciones. Ofrecemos un 3 % de descuento si se paga durante los diez primeros días después de la fecha señalada en la factura y un 1 % si se realiza durante los 30 días, refiriéndonos a la cantidad neta de la factura. **95**
Estamos seguros de que querrá beneficiarse de esta oportunidad aprovechando la ventaja extra de nuestra línea de ......

Su ...... le será enviado mediante el servicio de paquete postal la próxima semana y le llegará a tiempo para satisfacer sus necesidades. **96**
Por ser esta la primera ocasión en la que tenemos el placer de tratar con su empresa, creemos que puede estar interesado en saber que nuestras condiciones son .... Muchos de nuestros clientes habituales aprovechan las ventajas de nuestras generosas condiciones para obtener algún provecho adicional de nuestro ....

Estamos llevando a cabo su pedido y le informaremos de la fecha de envío tan pronto como nos sea posible. **97**

El pedido de ...... está disponible y le será enviado por ......, el 21 de enero. **98**

Disponemos de dos días de reparto por semana en su zona y esperamos incluir el pedido de ...... en el del jueves. **99**

Su pedido será enviado por ferrocarril al final de la próxima semana. **100**

Sabemos que desea pasar a recoger su género usted mismo y, por eso, lo tendremos listo para el próximo ......, como usted nos pidió. **101**

102   El género le será enviado en el primer vuelo disponible y le daremos la mayor información que nos sea posible.

103   Le enviaremos el pedido por avión dentro de pocos días, como usted solicitó.

104   Le será enviado entre diez y quince días por ....

105   Nosotros transmitiremos inmediatamente su pedido a nuestra sucursal en Bilbao, cuyo responsable no tardará en ponerse en contacto con usted.

106   Le enviamos su pedido a nuestro distribuidor ...... ya que él se encarga de su zona. No dude que pronto tendrá noticias suyas.

107   Para que su mercancía le llegue con el menor retraso posible, hemos enviado su pedido a nuestro departamento de Madrid, ya que se encarga de todos los negocios del sur de la península.

108   Será un placer para usted saber que su pedido saldrá de nuestro almacén de ...... durante las dos próximas semanas.

109   El modelo instalado es muy novedoso y tenemos la total confianza de que le proporcionará un servicio duradero y satisfactorio. Asegúrese de leer el folleto de instrucciones y mantenimiento que le hemos adjuntado. Lo encontrará tan útil como instructivo.

110   Estamos seguros de que estará más que satisfecho con su nuevo y maravilloso .... No sólo es uno de los últimos modelos, sino que, lo más importante, incorpora todas las ventajas técnicas modernas. Puede sentirse orgulloso de mostrar el ...... a sus amigos.

111   Después de haberlo usado durante algún tiempo, estaríamos muy interesados en conocer sus impresiones. Las ideas y sugerencias de nuestros clientes siempre nos ayudan a mejorar nuestros productos así como a servirles mejor.
     ¿Por qué no anota sus comentarios en la parte posterior de este papel y nos lo envía en el sobre adjunto?

Mientras tanto le deseamos una conducción feliz, seguros de saber que ha adquirido el mejor utilitario del mercado. `112`

Los siguientes artículos le serán enviados la próxima semana por ......: `113`
......
......
......

Sin embargo, desgraciadamente, no dispondremos de los artículos 4 y 5 de su pedido hasta principios de marzo. Sinceramente esperamos que no le suponga un gran inconveniente.

Durante los próximos días le enviaremos todos los artículos de su pedido excepto el n.º 3, el modelo «Camelot», que le será enviado a continuación. Tenemos una gran demanda de este producto, tanto que nos ha pillado desprevenidos. Le aseguramos que haremos todo lo posible para satisfacer la demanda y que usted pueda recibirlo lo antes posible. `114`
Confiamos que usted tenga con «Camelot» la misma demanda por parte de sus propios clientes y que ellos también piensen que merece la pena esperar.

Desgraciadamente, esta vez sentimos tener que decepcionarle y no poder asegurarle su pedido hasta finales de septiembre. La huelga del muelle hizo que nuestra materia prima se quedara en Barcelona en vez de ser trasladada a nuestros talleres y nuestra programación de producción se ha visto seriamente dañada. `115`
Sentimos mucho provocarle este tipo de inconvenientes, ya que siempre luchamos por ofrecer a nuestros clientes el mejor servicio posible. Debido a lo inusual de estas circunstancias esperamos que usted siga confiando en nosotros.

Lamentablemente no podemos satisfacer su pedido para la fecha indicada. La respuesta de nuestra nueva colección de primavera ha sido tan arrolladora que tenemos dificultades para satisfacer todas las demandas. Sin embargo, hemos doblado nuestro equipo de producción y esperamos poder facilitarle su pedido el próximo mes. `116`
Por favor, acepte nuestras más sinceras disculpas por el retraso. Estamos seguros de que cuando usted vea lo rápidamente que desaparecen de sus estantes nuestros atractivos modelos nuevos, estará de acuerdo de que la espera ha valido la pena.

117 Sin embargo, sentimos tener que informarle que el modelo que usted ha elegido no es uno de los que normalmente tenemos en *stock*. Lo hemos tenido que solicitar a nuestro proveedor italiano y confiamos en poder proporcionárselo a mediados de febrero.

Sentimos tener que hacerle esperar por su mesa, pero estamos seguros de que cuando usted vea la atractiva línea, la buena calidad de la madera y lo práctico que es su uso, no se arrepentirá de haber esperado.

118 Antes de que le enviemos su pedido necesitamos la siguiente información:

1. Color.
2. Medida de la cuerda de arrastre.

Quizá será más cómodo para usted completar los detalles requeridos y enviarnos esta carta en el sobre adjunto. El folleto adjunto le recordará los colores de que disponemos.

119 Por favor, ¿podría hacernos saber si prefiere los anillos de cromo o los de latón?, ya que no lo menciona en su carta. Tan pronto como dispongamos de esta información adicional, le haremos llegar el pedido completo en nuestra propia furgoneta.

120 Desgraciadamente se olvidó de indicar la anchura del raíl que requiere. Si es tan amable de aclararnos este detalle se los enviaremos sin retraso.

121 Para poderle complacer con la cantidad exacta de ...... que necesita para su trabajo, necesitamos alguna información adicional sobre su operación. El folleto adjunto le indica las medidas y otros detalles que necesitamos; si fuera tan amable de rellenarlo y enviárnoslo en el sobre correspondiente, será un placer para nosotros completar adecuadamente su pedido.

122 Desgraciadamente ya no manufacturamos el modelo 106M. Ha sido reemplazado por lo último en ...... que nosotros llamamos 107. No es sólo más rápido que el 106M, sino también de diseño más moderno y más fácil de limpiar y mantener.

El precio es el mismo, pero el diseño y el resultado han mejorado. ¿Desearía recibir este nuevo ...... que sustituye al 106M?

El tejido que nos solicita ya no se encuentra disponible. Al término **123** de la pasada primavera quedaba sólo un final de serie y fue reemplazado por un surtido de diseños maravillosos con una gran variedad de colores chispeantes.

Le adjuntamos un surtido de los nuevos diseños en tonos verdes y amarillos, para que los vea y sea tan amable de decirnos cuál prefiere.

Desgraciadamente, *La investigación del crecimiento* no se edita ac- **124** tualmente y no tenemos perspectivas de ninguna edición nueva. Sin embargo, recientemente hemos publicado varios libros excelentes que tratan el mismo tema y le hemos adjuntado algunos folletos sobre ellos, así como nuestra lista actualizada de libros.

Esperamos saber si desea recibir uno de estos otros libros en vez del solicitado.

Versión inglesa del parágrafo precedente

Unfortunately *Investing for Growth* is now out of print and we are **124** not contemplating a new edition. We have, however, recently published several other excellent books on the same subject and are enclosing leaflets about them as well as our current book list.

We look foward to hearing whether we many send you one of these other books instead.

Lamentablemente no podemos satisfacer su pedido de .... Desde **125** hace algún tiempo han sido reemplazados por unos ...... electrónicos de gran velocidad. Como podrá suponer hacen el mismo trabajo más deprisa y de un modo más preciso que los ...... viejos y su precio adicional es compensado ampliamente por el aumento de productividad.

¿Desea recibir el nuevo ...... electrónico?

Aunque todavía no he tenido el placer de conocerle personalmente, **126** quiero que sepa que estamos aquí para servirle. Si hay alguna cosa que pueda hacer por ayudarle, por favor, hágamelo saber.

Puede estar seguro de que todos nosotros haremos lo imposible **127** para ofrecerle el servicio rápido y eficiente que usted espera. Deseo conocerle personalmente la próxima vez que me encuentre en ......, pero si mientras tanto hay algo que pueda hacer por ayudarle, por favor, hágamelo saber.

Desarrollo - Sugerencias

128 Tendremos presente sus sugerencias hasta que consideremos el problema del embalaje. Como usted podrá imaginar, esto implica muchos cambios, como el de la forma del cartón, que puede resultar alterada y la empresa no se responsabiliza claramente de ello.

Tener clientes imaginativos y dispuestos a ayudar como usted, nos motiva enormemente a continuar mejorando tanto nuestro producto como su embalaje.

129 Cuando proyectemos nuestra próxima campaña publicitaria tendremos en cuenta sus sugerencias y le estamos muy agradecidos por su consideración.

130 De hecho, desde hace tiempo ya teníamos en mente alguna idea similar y cuando se proyecte la nueva campaña publicitaria notará los puntos de similitud entre nuestras ideas y las suyas.

Nos enorgullece enormemente saber que alguno de nuestros clientes se preocupa por nosotros y por nuestros productos, y que dedica parte de su tiempo a pensar sobre nuestros problemas de manera creativa e inteligente.

131 Hemos enviado sus útiles sugerencias a nuestro departamento de investigación y desarrollo, y no dude de que tendrá muy pronto noticias del señor Serra, nuestro ingeniero.

132 Las muchas ideas que nos ha facilitado son muy ingeniosas y nos complacerá enviarlas a la prensa, como usted sugiere. Sin embargo, debemos advertirle que los editores no tienen costumbre de pagar por este tipo de aportaciones. Algunas revistas envían pequeños cheques por determinadas «Cartas al director» publicadas, y si es esto lo que usted tiene en mente, le sugerimos que busque una revista que publique cartas del tipo «Consejos útiles» y que le mande sus sugerencias.

Conclusión - Pedidos

133 Esperamos que vuelva pronto; podemos asegurarle que será muy bien recibido.

Siempre le espera una cordial bienvenida en ......; cada miembro del personal empleado estará impaciente por servirle y hacer que cada una de sus visitas sea un placer. **134**

Confiamos en que encuentre que nuestros productos son los mejores del mercado así como una adquisición útil para sus líneas actuales. Esperamos que esto sea el inicio de una larga relación de negocios. **135**

Nuestra política es abastecer la mejor mercancía posible a los precios más competitivos de acuerdo con su calidad, y también nos enorgullece asistir a nuestros clientes siempre que nos sea posible. **136**
Por lo tanto, háganos saber si tiene algún problema o pregunta que crea que podamos responder.

Esperamos su respuesta. **137**

Si tiene alguna pregunta o comentario que le gustaría hacer sobre el ......, escríbanos unas líneas. Estamos absolutamente interesados **138** en saber lo que nuestros clientes piensan de nuestros productos, ya que nos ayuda a poder seguir ofreciéndoles lo que necesitan.
Por otro lado, si tiene un amigo que pueda estar interesado en algún folleto, quizá podría enviarnos su dirección.

Gracias de nuevo. **139**

Gracias de nuevo por su pedido, que le será enviado hacia el final de la próxima semana mediante **140**

De nuevo, muchas gracias por ofrecernos el privilegio de hacer negocios con usted. **141**

Nuestro objetivo es dar el mejor servicio y deseamos que disfrute manteniendo relaciones comerciales con nosotros. **142**

Conclusión - Sugerencias

De nuevo, muchas gracias. **143**

Mientras tanto, gracias por sus constructivas sugerencias. **144**

145   Gracias de nuevo por tomarse el tiempo y la molestia de escribirnos sobre nuestro producto.

146   Háganos saber su decisión acerca de sus distintas ideas. Mientras tanto, nos gustaría que supiera cuánto apreciamos a los clientes leales y conscientes como usted. Son ellos los que nos ayudan a hacer que nuestros productos sean los mejores del mercado.

147   Tenga por seguro que le estamos muy agradecidos por sus sugerencias y complacidos de que nos haya escrito.

148   Fue muy inteligente por su parte escribirnos y lo apreciamos enormemente.

CAPÍTULO 5

Las cartas de acompañamiento

■ ■ ■

Este capítulo trata del tipo de cartas que acompañan a los documentos enviados: facturas, presupuestos, citaciones, catálogos o cualquier otro asunto impreso. También se incluyen algunas respuestas a las peticiones.

Todas estas cartas se clasifican en una de estas dos categorías:

1. La carta de acompañamiento propiamente dicha. Esta carta tiene que ser breve, precisa y completa. Especialmente si concierne a alguna exportación. Es sumamente importante en el caso de las exportaciones, incluir todos los documentos requeridos por el cliente extranjero, de acuerdo con las regulaciones establecidas en su país, pero también hay que incluir una lista completa en la carta de acompañamiento. Se puede perder mucho tiempo si se omite algún documento o si nos equivocamos al mencionarlo en dicha carta.

2. La carta relacionada con alguna citación, presupuesto o respuesta a la petición de algún cliente. Este tipo de cartas no acompaña simplemente al documento o al catálogo, sino que también tiene la función de vender. Esta carta no debe limitarse a darle al destinatario la información que pida, sino que debe estimular el deseo del cliente hacia la proposición de venta que se le formula.

Cuando escribamos este segundo tipo de cartas tenemos que:

1. Responder tan pronto como podamos.
2. Agradecerle al cliente que haya escrito.
3. Responder a todas sus preguntas, no sólo a las dos primeras.
4. Aclarar cualquier otra duda que pueda surgirle. Preguntarnos nosotros mismos qué nos gustaría saber sobre el producto o el servicio si estuviéramos al otro lado y después aclarar estos puntos en la carta.
5. Ser concisos. Es posible responder a todas las preguntas y aclarar todos los puntos dudosos siempre de un modo conciso.
6. Adaptar las respuestas a las necesidades del cliente. Nada molesta más a quien escribe preguntando sobre algo que sentir que la respuesta que le dan es vaga y muy general.

Obviamente todos los puntos anteriores son igualmente aplicables para las cartas que responden a una petición general. Por otro lado, hay innumerables casos en los que lo único necesario es incluir el folleto requerido u ofrecer alguna ayuda adicional necesaria. Este sería el caso, por ejemplo, si enviamos un folleto, catálogo de algún tipo, alguna receta, algún consejo, alguna agenda, etc., a los clientes en general.

Introducción

Señores,

Su pedido n.º......

149

En referencia al pedido mencionado, nos complace enviarle:
1. Factura n.º ...... por triplicado.
2. Atestado n.º ....
3. Certificado del seguro n.º ....
4. Certificado de origen n.º ....

Señores,

J. Blanco, S. A., Madrid

Su pedido n.º......

150

Le adjuntamos los documentos siguientes en relación con el pedido:
1. Carta de crédito irrevocable n.º ....
2. Explicación completa de la factura de cargo n.º ....
3. Certificado del seguro n.º ....
4. Certificado de origen n.º ....
5. ...... copias de la factura n.º ....

Señores, ██ **151** ██

Compañía XYZ, S. L., Bali

<u>Su pedido n.°......</u>

Nos complace adjuntarle en su carta los siguientes documentos relacionados con el pedido mencionado:
1. Recibo postal fechado el ......
2. Certificado del seguro n.° ....
3. Nuestra factura n.° ...... por cuadruplicado.
4. Factura consular n.° ....
5. (Cualquier otro documento adjunto).

Estimado Señor, ██ **152** ██

Reciba el vademécum adjunto con nuestros saludos.

Señores, ██ **153** ██

<u>Su pedido n.° ......</u>

Nos complace poder adjuntarle los documentos siguientes relacionados con el pedido mencionado:
1. Factura n.° ...... por quintuplicado
2. Explicación completa de la factura de cargo n.° ....
3. Certificado del seguro n.° ....

Señores, ██ **154** ██

<u>Laboratorio de productos químicos</u>

Después de la conversación que mantuvimos durante su visita a nuestra empresa, nos complace adjuntarle la factura proforma con el n.° 10.625 detallando todo el material necesario para la construcción y elaboración de una empresa de productos químicos en su país, así como los planos que le mostramos.

Apreciado señor, ██ **155** ██

Le adjunto el presupuesto previo para la reforma que desea que le haga en su jardín.

156 Señores,

A continuación les comunicamos nuestros presupuestos para las cajas especiales de cartón que ustedes requieren:

0 × 10 × 10 cm: ...... pesetas por cada 1.000 unidades.
5 × 15 × 15 cm: ...... pesetas por cada 1.000 unidades.
20 × 20 × 20 cm: ...... pesetas por cada 1.000 unidades.

157 Señorita,

He podido estudiar su petición con detenimiento y a continuación le expongo el presupuesto que creo más adecuado para el ...... que usted requiere:
......
......

158 Señorita,

Nos complace poder adjuntarle una copia de nuestro folleto «La oficina electrónica» como usted nos solicitó.

Versión inglesa del parágrafo precedente

158 Dear Ms Martin,
We are happy to enclose a Copy of our booklet «The Electronic Office», as you request.

---

159 Estimado señor,

Le adjuntamos una copia del folleto *Hablando con tu ordenador* que usted solicitó.

160 Estimado señor,

Con el recambio para su calendario que le adjuntamos ...... le deseamos nuestros mejores deseos para el año 2000.

161 Señora,

Nos complace adjuntarle un folleto sobre la silla ......, acompañado con las muestras de tapizado disponibles.

Señora,   **162**

Gracias por su petición. Como usted nos solicitó, le adjuntamos detalles completos sobre todos los modelos de las lámparas de rayos ultravioleta para uso doméstico ......

Apreciado señor,   **163**

Gracias por su carta del pasado 15 de enero. Nos complace adjuntarle un folleto que ofrece detalles completos sobre las tablas de chilla de cedro rojo de Virginia, incluyendo muchísimas posibilidades para su tratamiento.

Señores,   **164**

Nos complace adjuntarles nuestro presupuesto para la ampliación de su fábrica, tal como ustedes nos solicitaron.

Señores,   **165**

En referencia a nuestra carta del pasado 23 de marzo, nos complace adjuntarles las facturas proforma por cuadruplicado, la n.º L.55 para la maquinaria y la n.º L.56 para las herramientas.

Estimada señora,   **166**

En respuesta a su carta del pasado 21 de marzo, será de su agrado saber que es posible añadir un asador a su cocina del modelo 62 ....

Estimada señora,   **167**

Gracias por su carta del pasado 2 de febrero. Entendemos perfectamente su deseo de conservar su toldo tan limpio como cuando le llegó, y nos complace informarle que su mantenimiento es muy sencillo.

Desarrollo

168   Este pedido fue expedido por Transportes Aventureros el 22 de septiembre.

169   ¿Sería tan amable de pagar en efectivo la cantidad de ...... pesetas a la Compañía XYZ, S. L. a cambio de los documentos adjuntos y de acreditar nuestra compra?

170   Por favor abone, a la presentación de la letra de cambio adjunta, el total de la factura.

171   Como habrá comprobado, hemos incluido el c.f.s. en pesos uruguayos, como usted nos requirió, y esperamos sinceramente que no tenga ninguna dificultad en obtener de su gobierno la licencia de importación necesaria.

172   Una vez ya haya obtenido la licencia de importación del material, le daremos una respuesta acerca de facilitarle un técnico que le ayude a poner la empresa en funcionamiento; estará de acuerdo en que es más adecuado solucionar primero el obstáculo de la licencia.

173   Hemos intentado cumplir sus instrucciones para reducir las formalidades de importación y esperamos sinceramente que su demanda sea aceptada.

174   Si tenemos su aprobación en unos pocos días, podremos finalizar nuestro trabajo antes de Navidad, como usted desea. Como ya le dije por teléfono, podemos realizarlo sin inferir demasiado en su trabajo y causando pocas molestias a su personal.

Anteriormente ya hemos llevado a cabo unos cuantos proyectos de este tipo con completa satisfacción por parte de nuestros clientes. Podrá interesarle uno en particular, la ampliación del local de Woods & Woods, su vecino en la calle Mayor. Hemos hablado con el señor Mario Beyá y estará encantado de enseñarle dicha ampliación cuando usted quiera. Si está interesado en aceptar su invitación telefonéele al número ....

Como comprobará le ofrezco tres alternativas para su camino de **175**
entrada, ya que la diferencia de precio entre un simple camino de tie-
rra y uno pavimentado es bastante grande.

Como podrá imaginarse, por estas fechas estoy extremadamente
ocupado y me urgiría saber su decisión tan pronto como le sea posible, para poder ultimar el trabajo antes del final del invierno.

Los precios establecidos se refieren a las cajas de dos tonos, exac- **176**
tamente como la muestra japonesa que nos envió. Comprenderá que
estas cajas son de fabricación laboriosa y, consecuentemente, un
poco más caras que las sencillas. Podría decantarse por uno de nuestros «cubos» estándar y podremos ofrecerle precios mucho más interesantes.

El ...... está actualmente disponible, por lo tanto, podemos entre- **177**
gárselo rápidamente.

Debido a que el ...... se fabrica especialmente para usted, su distri- **178**
bución se efectuará aproximadamente seis meses después de recibir
el pedido.

El ...... será fabricado a mano para usted, pero podemos empezar **179**
su elaboración tan pronto como recibamos su pedido. La entrega
podrá realizarse a partir de dos o tres semanas.

Le sugerimos que nos haga llegar su pedido tan pronto como sea **180**
posible, ya que, como usted sabe, se está acercando la temporada de
máximo trabajo para nosotros y desearíamos mantener la fecha de entrega que usted solicitó.

En cuanto a la entrega, no hay ninguna dificultad en que se efectúe **181**
el día que usted estableció.

Confío en poder llevar a cabo su proyecto esta semana, pero no **182**
debe retrasarse en hacerme llegar su decisión.

183   Esperamos que lo encuentre útil.

184

Nos hemos esforzado en incluir toda la información que necesita un hombre de negocios, pero que no siempre tiene a mano. Esperamos que sea pronto para usted una herramienta indispensable.

185   Diseñado para su uso personal, esperamos que vaya con usted a todas partes y sea tan útil como sus creadores lo concibieron.

186   El folleto le explicará en términos claros cómo funcionará la oficina del futuro, así que estará preparado para ese cambio.

187   Muchos ejecutivos están atemorizados por el uso del ordenador, nosotros hemos concebido, especialmente con esta intención, este libro que le familiarizará con ello y le permitirá, incluso, discutir con los especialistas.

188   Este es un año que esperamos con impaciencia ya que creemos que va a ser muy significativo para nosotros. El trabajo en nuestra última ampliación ya ha finalizado, casi doblando nuestra capacidad de producción. Esto no sólo significa que podremos ofrecerle a usted un servicio mejor que nunca, sino que además, estamos en situación de aceptar cualquier proyecto para el que nos necesite.
De hecho, podemos llevar a cabo cualquier trabajo suyo del tipo ......, ya que disponemos tanto de capacidad de producción como de personal cualificado para desarrollarlo.

189   La silla ha sido diseñada para soportar el peso del cuerpo en las posturas adecuadas y apreciará que diez minutos en .... es casi como un tratamiento de belleza.
Puede sentarse y reclinarse en ella en cualquiera de las cinco posiciones y estas serán seleccionadas simplemente moviendo el botón que verá a su derecha. Puede hacerlo mientras se reclina sin la menor dificultad.
Además, la silla descansa en el suelo por dos ángulos, lo que significa que usted puede incorporarse para leer un libro o coser, por ejemplo, y reclinarse hacia atrás con sus piernas a la posición más alta para una perfecta relajación, todo ello sin levantarse.

Si desea guardar la silla, esta se pliega y cabe perfectamente en un espacio pequeño y podrá volver a utilizarla de nuevo con un mínimo esfuerzo.

La silla está disponible en las mejores tiendas de muebles y en los grandes almacenes y le recomendamos que la pruebe antes de tomar una decisión. Sólo con sentarse y reclinarse en ella sabrá en realidad lo extraordinariamente cómoda que es.

190

Este modelo de lámpara está libre de impuestos y sólo disponible bajo certificado médico. Los otros dos modelos puede adquirirlos en cualquier tienda de material eléctrico. La más cercana a su domicilio es ....

191

Como habrá comprobado al leer los documentos adjuntos, existen tres maneras distintas de tratar las tablas de cedro rojo de Virginia. La primera es la más sencilla y consiste en exponerlas directamente al aire libre. Miles de constructores de casas canadienses y americanos lo practican y en pocos años la madera adopta un atractivo color gris plateado.

192

El segundo método es intentar preservar el color original de la madera. En realidad, esto no es muy recomendable a no ser que la zona a tratar sea muy pequeña y que el coste económico de la operación sea considerado útil. No recomendamos esta solución porque nuestra experiencia nos indica que son necesarias, como mínimo, cuatro capas de un acabado resinoso de gran calidad, cuidando la veta final y repasando su mantenimiento cada dos o tres años.

El tercer método se situaría entre los otros dos. Consiste en aplicar un acabado natural que preserva la madera y estimula su uso de una manera más sofisticada.

El método que usted elija depende de su gusto, pero desde un punto de vista práctico, le recomendamos el primero de ellos.

Anteriormente, le recomendamos que prestara una particular atención a la tercera página que contiene instrucciones acerca de los clavos. El cedro rojo de Virginia contiene productos químicos que pueden provocar manchas cuando están en contacto con materiales ferrosos. Por lo tanto las tablas de madera tienen que estar siempre clavadas con clavos de cobre, aluminio o antioxidantes.

193

194   La primera regla que deberá de tener en cuenta es que ha de mantener sus persianas sin polvo, en vez de dejar que se acumule en ellas y las endurezca. Puede hacerlo fácilmente con un plumero o con uno de esos cepillos especiales que hay en el mercado.

En cuanto a la limpieza en profundidad, es también muy sencillo. Todo lo que tiene que hacer es sacar la persiana y limpiarla con agua y un poco de detergente. Póngase en la mano un guante viejo o una manopla y limpie los listones. Enjuáguela bien y deje que la persiana se seque por sí sola antes de instalarla de nuevo en la ventana.

195   Las tenazas de limpieza ...... han sido fabricadas especialmente para esta finalidad y el folleto adjunto explica lo fácil que es mantener limpias las persianas con esta pequeña herramienta barata y manejable.

196   Si usted prefiere que haga su limpieza otra persona, ¿por qué no recurre a nosotros? Tenemos un servicio muy rápido y eficiente. Lo único que tiene que hacer es llamarnos por teléfono y nosotros pasaremos a recoger sus persianas, devolviéndoselas en pocos días relucientes y listas para su uso.

197   El folleto adjunto le proporcionará detalles de herramientas especialmente diseñadas para este servicio. Por supuesto, no las necesita todas. Es cuestión de seleccionar las que más le atraigan.

El cepillo ......, por ejemplo, le ayudará a sacar el polvo de sus persianas al instante.

Las tenazas ...... mojadas con agua caliente y detergente, limpiarán sin dificultad las persianas grasientas de su cocina.

El cepillo-ducha ...... es ideal para trabajos de mucha limpieza. Saque sus persianas al jardín. Conecte el cepillo en su manguera y limpie las persianas como hace con su coche.

198   Es cierto que necesita desmontar su cocina para instalar la conexión por detrás, pero esta es una labor bastante simple y será un placer para nuestro operario hacérselo cuando usted diga.

En la carta adjunta le hemos añadido los detalles necesarios, y todo lo que debe hacer para encargar su asador es escribir su nombre en la parte inferior. Su asador le será entregado e instalado antes de las dos semanas posteriores a su envío.

El precio del asador es de ...... pesetas, más ...... pesetas por la instalación.

199

El precio del asador es de ...... pesetas, más ...... pesetas por la instalación.

200

Desgraciadamente, no podemos prometerle que lo reciba antes de tres meses después de la fecha de su pedido.

El asador se esta vendiendo mucho y nuestro ritmo de producción no puede seguirlo. Sin embargo, estamos seguros de que una vez usted lo tenga y descubra el placer que le aporta cocinar con él, estará de acuerdo con que la espera ha merecido la pena.

Conclusión

El pedido fue entregado por ...... el día ....

201

Versión inglesa del parágrafo precedente

The order was shipped by ...... on ......

201

¿Sería tan amable de reclamar a la sucursal de la Compañía XYZ, S. L., de su ciudad, la cantidad total de nuestra factura, presentando los documentos adjuntos?

202

Por favor, pase a pagar lo establecido en la letra de crédito a Mario Bianchi, S. A., presentando los documentos adjuntos.

203

Por favor, entregue los documentos adjuntos a José Duque, S. A., junto con el pago de la cantidad total establecida.

204

Esperamos con gran interés más noticias suyas.

205

Si necesita más ayuda por nuestra parte, por favor, háganoslo saber.

206

207   Espero tener pronto noticias suyas.

208   Esperamos que mantenga el contacto con nosotros.

209   Naturalmente, esperamos que nos mantenga informados de su próximo proyecto para ....

210   ¿Por qué no pone a prueba nuestra competencia?

211   Porque vendemos el ...... directamente a los consumidores, podemos ofrecérselo a usted por el módico precio de ...... pesetas. Le adjuntamos una orden de pedido, así como un sobre de respuesta.
Esperamos recibir pronto su pedido.

212   No lo olvide, pruebe pronto el ....

213   Si hay alguna información adicional que usted quiera conocer, por favor háganoslo saber.

214   Esperamos que disfrute de todas las ventajas que puede ofrecerle la lámpara de rayos ultravioleta ....

215   Esperamos que esta carta y su contenido respondan satisfactoriamente a todas sus preguntas. Si no es así háganoslo saber y haremos todo lo posible por ayudarle.

216   Todas las herramientas se venden en la mayoría de ferreterías, pero si tiene alguna dificultad en encontrarlas, por favor, háganoslo saber.

217   Todas estas herramientas de mano las puede adquirir directamente de nosotros. Si simplemente rellena el formulario de pedido adjunto, señalando todo lo requerido, nos complacerá enviárselas por correo.

Para su conveniencia le adjuntamos una lista de los distribuidores **218**
de su zona.

Por supuesto, si usted lo prefiere puede solicitar el asador a su **219**
tienda de electrodomésticos habitual. La elección es suya.

Esperamos tener más noticias suyas. **220**

Podemos distribuírselo enseguida. ¿Desea completar su pedido? **221**

CAPÍTULO 6

Crédito y cobro

■ ■ ■

En la medida que nos vamos acercando inexorablemente hacia una sociedad sin dinero en metálico, es más fácil gastarlo, y paradójicamente, más difícil recuperar el que nos es debido. Es posible ir a un restaurante, comer, disfrutar de unas compras y volver a casa sin necesidad de llevar una moneda en el bolsillo. Cada vez hay más empresas que proponen hacer la compra sin cruzar la puerta de casa, proliferando las tarjetas de crédito.

Los bancos, que fueron los primeros en distribuir tarjetas de crédito, han descubierto que es difícil cobrar el dinero de determinados propietarios de tarjeta. Incluso a los negocios habituales, cuya única concesión de crédito es el clásico «30 días netos», les cuesta cada vez más cobrar.

En vista de las circunstancias es necesario usar un sistema de cobro más dinámico y eficaz.

A veces funciona enviar tarjetas humorísticas a clientes con cuentas retrasadas, pero difícilmente concluiremos que se trata de una estrategia completa y bien pensada.

Una serie de cartas de aviso de cobro bien escritas, enviadas a intervalos de entre diez y quince días, es un plan mejor.

El punto más importante a tener en cuenta es que una carta de aviso de cobro es, en todos los sentidos, una carta comercial. En lugar de vender un producto al cliente, lo estamos comprando a él, para que nos envíe el dinero que nos debe sin perder por ello su simpatía. Debemos tener presente, por ejemplo, que estamos compitiendo por su dinero con muchas otras compañías, ya que raramente la gente debe dinero sólo a una empresa.

Nuestra carta tendrá que conseguir persuadirle para que tenga más interés en pagar *nuestra* factura que la otra media docena que tiene en su bandeja de impagados. Entonces, ¿cómo vamos a persuadirle? Evidentemente no enemistándonos con él. Cualquier abogado nos dirá que no podemos enemistarnos con una persona e influirle en nuestro beneficio a la vez.

Será mucho más fácil influirle favorablemente si nos ponemos en su lugar e intentamos ver el problema desde *su* punto de vista, si utilizamos el «usted», si le escribimos una carta más humana, más inteligible que las misivas frías, indiferentes y secas que se envían normalmente.

Los avisos de cobro deben seguir el mismo patrón que las cartas comerciales en cuanto que deben tener una apertura que atraiga la atención y un cierre igual.

Así como cualquier comerciante no duda en hacer un pedido, el aviso debe terminar pidiendo el dinero o lo que sea que queramos que haga nuestro cliente.

Una carta de aviso de cobro no debe ser escrita sin pensarla antes, ya que debe seguir una progresión regular.

1. *Cartas de notificación:* se trata generalmente de tres y conciernen a las facturas llegadas a término y no pagadas. Conviene enviarlas también a los clientes que, aunque siempre debiendo, han continuado sus compras.

2. *Cartas de seguimiento:* si las primeras notificaciones no han funcionado, entonces notificaremos al cliente nuestros términos de negociación, preguntándole si necesita copias de facturas, acentuando que está poniendo en peligro su crédito e intimidándole diciéndole que su crédito será anulado si no responde a sus obligaciones. Desde luego, no transmitiremos todos estos puntos en la misma carta, pero sí variándolos en distintos avisos.

3. *Cambio de táctica:* si todavía no hemos tenido suerte nos estamos enfrentando a un caso difícil. Tendremos que intentar un cambio de ritmo y podemos hacerlo con algo realmente nada ortodoxo ya que no tenemos nada que perder. Podemos probar el acercamiento humorístico, por ejemplo. Normalmente funciona cuando el resto ha fallado y, a estas alturas, ¿qué podemos perder?

4. *Acuse de recibo de pagos parciales:* este paso puede realizarse en cualquier momento, no necesariamente después del n.º 3. Si un cliente nos envía a cuenta un cheque, necesitaremos recordarle lo que nos sigue debiendo, pero sin dejar de agradecerle la cantidad recibida.

5. *El último recurso:* si todas estas medidas fallan, no hay otra solución que requisarle la mercancía.

Si se advierte al cliente de que tenemos esta intención, nueve de cada diez veces el cliente paga sin más ni más. Nunca se debe hacer sin antes haber intentado el proceso anterior y, sobre todo, nunca arriesgarse a hacerlo si no hay total seguridad. Es un paso muy serio, irreversible, jamás se debe usar como un farol.

En Estados Unidos, donde se vende a crédito desde hace mucho tiempo, las modas en las técnicas de avisos de pago cambian casi tan frecuentemente como las modas del vestir.

Hace algunos años la tónica general era enviar cartas impresas como notificaciones y fueron suficiente para hacer que pagaran de un 75 % a un 85 % de los casos.

Una serie completa se debe componer de tres o cuatro cartas diferentes, con el fin de sorprender al cliente moroso. Por la misma razón, los modelos de carta deberán modificarse cada año.

Las cartas no sólo son una buena solución, sino que también tienen tres ventajas adicionales sobre otro tipo de notificaciones:

1. Una serie de cartas nos facilita seguir regularmente las facturas vencidas y no pagadas y, como ya sabemos, la regularidad en el seguimiento es una de las reglas cardinales de la estrategia de gestión de cobro.

2. Las tarjetas impresas son más baratas de producir que las cartas individuales y mucho más efectivas que esas pesadas cartas-formulario que todavía envían algunas empresas. Las tarjetas pueden ser enviadas tanto a empresas que nos deban dinero como a detallistas. Una tarjeta atractiva en un tono pastel con un sobre a juego es más adecuada para los minoristas. Estas deben expresarse en términos informales, sin jergas difíciles de entender.

3. La tarjeta impresa tiene la ventaja psicológica de ser lo suficientemente impersonal como para no hacer que el deudor sienta que está siendo distinguido como tal.

El destinatario sabe que se trata de una tarjeta que miles de personas reciben y consecuentemente no se siente una víctima de la hostilidad de quien la envía.

Las siguientes sugerencias para tarjetas impresas no están separadas por párrafos independientes, ya que no es ni práctico ni útil para estos casos. Algunas de ellas son mostradas con permiso de una corporación americana mundialmente famosa que prefiere permanecer en el anonimato.

Hace unos años, sin embargo, esta misma compañía solía enviar divertidos cómics como primeras notificaciones y dos de ellas se muestran en las figuras 8 y 9.

Las cartas que se pueden encontrar en las páginas siguientes en este capítulo pueden ser tecleadas de antemano, almacenadas en la memoria del procesador de textos, ordenadas por series y recuperadas cuando sea necesario.

Por lo que respecta a los nombres, las direcciones y ciertos detalles como por ejemplo la cantidad a pagar, pueden ser añadidos de manera simple, sin que se planteen grandes problemas, y todo esto dará como resultado una carta personalizada.

Cartas de notificación

Todo iba tan bien...   222

que cuando de repente nos hemos dado cuenta de que usted ha dejado de pagar su factura, hemos pensado que sin duda hay algún motivo, ha habido algún problema.

Después de darle muchas vueltas, hemos llegado a la conclusión de que quizá nuestro último aviso no le llegó, o nuestros datos no concuerdan con los suyos.

En cualquier caso, ¿podríamos, por favor, tener pronto noticias suyas para aclarárnoslo?

DEPARTAMENTO DE CONTABILIDAD

Sentimos recordarle...   223

que su cuenta de crédito está en números rojos, quizá se le haya olvidado.

Si no lo ha hecho ya, tenga la amabilidad de enviarnos un cheque lo más pronto posible. Si ya se ha encargado de ello, por favor, acepte nuestro más sincero agradecimiento.

Cantidad a pagar: ...... pesetas.

Si está en el correo...

Nos referimos a un cheque que cubra la deuda que nos debe, acepte, por favor, nuestro más sincero agradecimiento.

Pero si no, envíenos el pago. ¿Verdad que sería tan amable de incluirlo en su correo de hoy?

Cordialmente.

Se sorprendería...

De la frecuencia con que enviamos a nuestros clientes tarjetas recordatorias de las deudas pendientes, cuando los cheques ya estaban en camino.

Así que, si esto ocurre en este caso, por favor, discúlpenos y acepte nuestro más sincero agradecimiento. Pero si todavía no ha efectuado el pago de la deuda de_____ ptas. ¿Podría hacerlo inmediatamente, por favor?

Cordialmente.

Figura 8 y 9: Dos ejemplos de cartas reclamando que se pague lo adeudado de una conocida sociedad americana

Sabemos que es difícil......   **224**

repasar cada factura y cumplimentar puntualmente un talón cada mes, pero su crédito se encuentra cerrado por falta de pago y por ello nos gustaría que enviara el talón tan pronto como le sea posible.

Naturalmente, si ya lo ha enviado, por favor, ignore este aviso y acepte nuestro más cordial agradecimiento.

Cantidad a pagar: ...... pesetas.

Versión inglesa del parágrafo precedente

We know how difficult it is...   **224**

to go over every invoice and make out a cheque for it promply every month. But your balance is now a little overdue and we would like you to send us a cheque as soon as possible.

Of course if you have just sent us a remittance, please excuse this reminder and accept our sincere thanks.

Amount due: £ ......

¿Lo habrá perdido correos?   **225**

Nos referimos a nuestro reciente aviso de la deuda que mantiene con nosotros y cuyo plazo ya ha vencido. Sabemos que no ha retenido el pago a propósito, pero le agradeceríamos que depositara hoy un cheque para nosotros en correos.

Cantidad a pagar: ...... pesetas.

Ya que no estamos seguros...   **226**

de si nuestros avisos llegan a la persona adecuada, le enviamos este segundo en que se le notifica su saldo, como verá más abajo.

Si todavía no nos ha enviado un cheque, ¿podría, por favor, hacernos llegar uno ahora? Gracias por su rápida colaboración.

Cantidad a pagar: ...... pesetas.

Probablemente habrá intentado...   **227**

enviarnos el cheque correspondiente al saldo de su cuenta, pero posiblemente se le haya olvidado porque todavía no lo hemos recibido.

Si ya lo ha enviado, le damos nuestro más sincero agradecimiento, pero si no, por favor, ¿podría mandárnoslo ahora? Contamos con su rápida colaboración.

Cantidad a pagar: ...... pesetas.

228 ¿Se acuerda...

que le enviamos hace poco un aviso sobre su deuda, detallada más abajo? ¿Podría verificar si esta ha aumentado desde entonces? Si se le ha extraviado, ¿sería tan amable de comprobarlo y averiguar qué ha causado el retraso? Despúes mándenos el pago en los próximos dos días.

Si ya nos ha enviado una respuesta, por favor, disculpe esta tarjeta y acepte nuestra gratitud.

Cantidad a pagar: ...... pesetas.

229 ¿No recibió...

el aviso sobre su deuda que le enviamos recientemente, con la cantidad indicada más abajo?

Si ya nos ha mandado el pago, acepte por favor, nuestro más sincero agradecimiento. Si no lo ha hecho, ¿podría hacer el esfuerzo de enviarnos ahora un cheque?

Gracias.

Cantidad a pagar: ...... pesetas.

230 No tardará mucho en...

comprobar por qué no ha sido enviado el pago de su deuda, ya advertida por nosotros. Así que, por favor, ¿podría tomarse ahora un minuto para averiguar la causa del retraso? Después deposite el cheque en correos durante los dos próximos días, si todavía no lo ha hecho.

Apreciaremos su rápida colaboración.

Cantidad a pagar: ...... pesetas.

231 ¿No le ha prestado atención?

Nos referimos a ese pequeño aviso que le enviamos hace poco sobre su última deuda.

Si es así, ¿podría, por favor, comprobarlo y averiguar por qué no se nos ha mandado el pago? Después podría molestarse en remitirlo sin retraso, si todavía no lo ha hecho.

Gracias por su rápida colaboración.

Cantidad a pagar: ...... pesetas.

¿Se había dado cuenta...

232

de que una nueva factura ha incrementado el saldo de la deuda que ya mantenía con nosotros y de la cual ya le habíamos informado? Obviamente no, de lo contrario ya nos habría enviado un cheque. Así que, por favor, ¿podría hacerlo ahora antes de que se le olvide?

Cantidad a pagar: ...... pesetas.

Probablemente pensaría...

233

que seríamos unos descuidados si no le recordáramos que ha aparecido una cantidad adicional de dinero desde nuestro último aviso diciéndole que su deuda había vencido el plazo de pago.

Si tiene alguna pregunta sobre estas facturas no pagadas, por favor, háganoslo saber de una vez. Pero si está de acuerdo en todo con nosotros, por favor, envíenos un cheque ahora, si no está ya de camino.

Cantidad a pagar: ...... pesetas.

Probablemente querrá...

234

que le mantengamos totalmente informado de las condiciones de su cuenta. Por eso, le recordamos que ha aparecido otra cantidad de dinero a deber desde nuestra reciente notificación.

Si todavía no se ha encargado de saldar esta deuda, por favor, háganos llegar su cheque ahora. Puede estar seguro de que su rápida atención será apreciada sinceramente.

Cantidad a pagar: ...... pesetas.

Crece como la espuma...

235

Nos referimos al saldo de la deuda que ya le hemos recordado tantas veces. Se han ido añadiendo cantidades adicionales y cada una de ellas le dificulta el poder cubrirla. No nos gustaría que se convirtiera en un problema real para usted y le sugerimos que nos envíe un cheque ahora. De lo contrario, díganos, al menos, cuándo lo podremos esperar.

Contamos con su rápida colaboración.

Cantidad a pagar: ...... pesetas.

Versión inglesa del parágrafo precedente

235 It's growing like topsy...
We mean that overdue balance we have reminded you about so many times. Additional amounts have fallen due and each new amount makes it harder for you to catch up. We would not like this to become a real problem for you and urge you to put a cheque in the mail to us right away.
Otherwise, please at least let us know when we can expect it.
We are counting on your prompt co-operation.
Amount now due: £ ......

Cartas de seguimiento

Algunas de las frases siguientes pueden ser utilizadas en las cartas, si se prefiere un acercamiento más formal.

Introducción

236 Señores,

Estamos seguros de que comprenderán por qué advertimos a los clientes de su saldo deudor. Usted, probablemente, hace lo mismo con los suyos.

237 Señores,

Indudablemente, ustedes también lo hacen: advertir a sus clientes cuando se retrasan un poco en sus pagos.

238 Señores,

El tiempo pasa tan deprisa que quizá no se han dado cuenta de que su cuenta muestra un saldo deudor de ...... pesetas.

239 Señores,

Desde nuestros últimos avisos de pago, ha habido un aumento en la cantidad debida.

Señores,

240

Les han sido enviados varios avisos sobre su saldo deudor, pero todavía no nos ha llegado su cheque.

Señores,

241

Probablemente no tienen la intención de alarmarnos, pero el estado de su saldo deudor lo está provocando.

Señores,

242

Su saldo deudor está aumentando. Aunque les hayamos enviado varios avisos, no hemos recibido ningún pago ni ninguna explicación.

Señores,

243

Quizá no se han percatado de que el saldo de su cuenta ha superado el plazo de pago.

Señores,

244

Se nos hace difícil comprender por qué no han pagado su deuda, que asciende a ...... pesetas.

Señora,

245

Sentimos tener que molestarle, pero ya que no responde a las cartas que le hemos enviado en relación a su deuda, no nos queda otra alternativa que suspender su crédito.

Señor,

246

¿No está de acuerdo en que es mejor discutir un problema personalmente que intentar solucionarlo por correo? Entonces, ¿por qué no viene a verme para hablar de su estado de cuentas?

Versión inglesa del parágrafo precedente

Don't you agree that it is better to discuss a problem in person rather than attempting to solve it by mail? Why, then, don't you come in and see me about your account?

246

247 Señores,

Gracias por su cheque de ...... pesetas. Aunque apreciamos realmente este pago parcial, debemos recordarle que su cuenta todavía muestra un saldo deudor de ...... pesetas.

248 Señores,

Hemos intentado evitarlo, pero desde que no responde a nuestros avisos, no nos queda otra alternativa que dejar su cuenta en manos de nuestros asesores jurídicos.

249 Señor,

Sabemos que muchas empresas sólo pagan con prontitud aquellos productos que más necesitan. Esto puede parecer una buena idea, pero, de hecho, es un error, ya que un buen estado de cuentas no se basa en lo bien que se pague a algunos de los proveedores, sino a todos. Además, los morosos son pronto famosos y los acreedores que los discriminan pueden exigir los pagos. ¿Qué haría usted en este caso?

250 Señores,

¿Se han detenido a pensar lo molesto que podría resultarles si decidiéramos tomar acciones legales para cobrar el saldo de su larga deuda? Primero de todo, la vergüenza y los gastos relacionados con ello y, segundo, afectaría a su situación acreditativa, cosa que creemos que no dejarán de valorar.

251 Señora,

Muchas gracias por su cheque de ...... pesetas, que permite que su deuda pendiente sea:

Factura n.º ...... de ...... pesetas.
Factura n.º ...... de ...... pesetas.
Factura n.º ...... de ...... pesetas.

Señores,

`252`

Apreciamos realmente haber recibido su cheque de ...... pesetas, sin embargo, nos preguntamos si saben que las siguientes facturas quedan todavía pendientes:

Factura n.º ...... de ...... pesetas.
Factura n.º ...... de ...... pesetas.

Señores,

`253`

Estamos seguros de que comparten con nosotros la idea de que sería una lástima terminar una relación tan interesante. Pero la cantidad de dinero que nos deben ha vencido su plazo de pago y si no tenemos noticias suyas no nos quedará otra alternativa que dejarlo en manos de nuestros asesores jurídicos.

Desarrollo

Así que si no nos ha enviado ya un cheque por ...... pesetas, ¿podría hacerlo en los próximos días?

`254`

Por lo tanto entenderá por qué le escribimos hoy pidiéndole que nos envíe un cheque que cubra su saldo deudor por un valor de ...... pesetas.

`255`

¿Podría, por favor, enviarnos pronto un cheque y saldar este asunto?

`256`

Si aún no lo ha hecho, por favor, ¿podría perder un instante para enviarnos un cheque o hacernos saber cuándo lo recibiremos?

`257`

Si tiene alguna pregunta o necesita más información, por favor, háganoslo saber enseguida. Le ayudaremos inmediatamente.

`258`

Le hemos enviado varios avisos sobre el vencimiento de su cuenta, pero para gran sorpresa nuestra, no hemos recibido ningún pago o noticia suya.

`259`

260 ¿Por qué no se toma unos minutos para que sepamos si usted tiene alguna duda? O, si sus documentos están de acuerdo con los nuestros, ¿por qué no nos envía un cheque con la cantidad que usted pueda y nos informa de cuándo recibiremos el resto?

261 Su cuenta ya ha vencido completamente, así que es necesario que se ponga enseguida en acción. Si todavía no nos ha enviado ningún cheque, por favor, mándenos uno sin retraso.

262 Desgraciadamente, no nos ha dejado otra opción que tener que retener sus pedidos hasta que abone la deuda pendiente. Sin embargo, si nos envía ahora mismo un cheque por valor de ...... pesetas, nos complacerá reanudar el envío sin retraso.

263 ¿Puede ser que sus documentos no concuerden con los nuestros y que tenga alguna pregunta relacionada con alguna factura?

264 ¿Es correcta la cantidad mostrada más adelante?, o ¿debe alguna cantidad que se deduzca de ella? Si este es el caso, o si tiene algún otro problema relacionado con esta deuda, por favor, háganoslo saber enseguida.

Por otro lado, si la cantidad mostrada es correcta, entonces ¿nos hará llegar su cheque sin retraso, por favor?

265 Sentimos tener que retirar su cuenta de crédito porque sabemos lo útil que es para usted.

¿Por qué no continuar aprovechándose del crédito que le ofrece nuestro almacén, enviándonos un cheque inmediatamente? Si de momento no le es posible, ¿por qué no viene y habla con nosotros para llegar a algún acuerdo para poder pagar sus antiguas facturas en cómodos plazos?

266 Sé que hay momentos difíciles para saldar una deuda y estoy impaciente de colaborar con usted tanto como sea posible.

Por favor, venga tan pronto como pueda o, si lo prefiere ¿por qué no me telefonea a ...... y así podremos hablar?

No le escribimos con intención de provocarle ningún sobresalto. **267**
Por otro lado, estamos impacientes por colaborar con usted y encontrar alguna forma de poder saldar su gran deuda. De hecho, si nos envía un cheque por valor de ...... pesetas, junto con su plan para pagarnos el resto de la deuda mediante plazos, nos complacerá acomodarnos a sus necesidades.

Si tiene problemas para enviarnos un cheque que cubra toda su **268**
deuda, ¿por qué no se sienta, rellena y manda un cheque a cuenta por valor de ...... pesetas? Después, repita la misma operación el primer día de los tres próximos meses y, para entonces, ya se habrá acabado esta deuda. ¡Tan sencillo como esto!

No le pedimos que nos envíe un cheque por el valor total de su **269**
deuda. Todo lo que le requerimos es que nos pague ...... pesetas a cuenta y que nos haga saber cuándo podrá saldar el resto de la deuda, que, si usted lo desea, podrá hacerlo mediante uno o dos plazos de pago.

Versión inglesa del parágrafo precedente

Yet we are not demanding that you send us a cheque for the **269**
whole amount right away. All we ask is that you send us £ ...... on account and let us know when to expect the balance, in one or two instalments if you wish.

Seguro que se da cuenta de lo desagradable y costoso que resulta **270**
llevar a juicio un asunto de este tipo. Desde luego, esto no es todo. Consecuentemente también afectará la situación a su prestigio y, por lo tanto, la reputación de su empresa.
Esta es la razón por la cual hemos esperado tanto tiempo antes de dar este paso tan serio.

¿Por qué no se ahorra esta situación embarazosa e innecesaria y **271**
la evita enviándonos inmediatamente un cheque por la cantidad establecida más adelante?

272   Si tiene algún problema relacionado con las facturas no pagadas, por favor, háganoslo saber de una vez. Si no, le agradeceremos enormemente que las salde tan pronto como sea posible.

273   Ya que ambas facturas han vencido y no han sido pagadas, agradeceremos su rápida decisión de actualizar completamente sus cuentas. Por supuesto, si tiene alguna queja por alguna de ellas o si sus documentos difieren de los nuestros, por favor, háganoslo saber inmediatamente.

274   Ya que su deuda sigue sin ser pagada desde hace tiempo, creemos oportuno pedirle que nos haga saber cuándo podemos esperar el cheque que saldará su deuda.

Conclusión

275   Agradeceremos enormemente su rápida colaboración.

276   Por cierto, si ya nos ha enviado el pago, por favor, disculpe este último aviso y acepte nuestro más sincero agradecimiento.

277   Gracias por su rápida colaboración.

278   Sin embargo, si la cantidad es correcta, por favor, envíenos su respuesta inmediatamente. Contamos con que pronto hará acto de presencia.
P. S. : Su deuda asciende a ...... pesetas.

279   Es urgente, así que, por favor, envíenos un cheque ahora o háganos saber inmediatamente a qué se debe su retraso. Contamos con su rápida colaboración.
P. S. : Su deuda asciende a ...... pesetas.

280   Será un placer colaborar con usted en la actualización de su cuenta. Por favor, manténgase en contacto por correo.
P.S. : Su deuda asciende a ...... pesetas.

Podría informarnos si es que hay algún problema, o en el caso contrario, enviarnos su cheque lo más pronto posible.   **281**

Una rápida respuesta será sumamente apreciada.   **282**
Su deuda asciende a .... pesetas.

Contamos con su rápida respuesta.   **283**

Espero tener noticias suyas.   **284**

Ya que siempre estamos impacientes por ofrecerle un servicio rápido y eficiente, apreciaríamos enormemente tener noticias suyas cuanto antes.   **285**

Esperamos recibir el primer plazo en los próximos dos o tres días.   **286**

¿Podría encontrar una solución más justa? Seguro que no. Entonces siéntese y rellénenos un cheque por valor de ...... pesetas. Se sorprenderá de lo rápido que podrá ser saldada esta deuda.   **287**
Esperaremos su cheque con impaciencia.

¿Por qué no evita correr riesgos y nos envía inmediatamente un cheque por valor de ...... pesetas?   **288**

Sin embargo, no podemos esperar mucho más y debemos tener su cheque en nuestras manos antes de diez días.   **289**
Cantidad a pagar: ...... pesetas.

Deseamos ponerle las cosas fáciles y esperamos que acepte esta simple sugerencia. Háganos llegar noticias suyas cuanto antes.   **290**

Versión inglesa del parágrafo precedente

290   We are anxious to make things easy for you, and we hope you will accept this sensible suggestion. Let us hear from you soon.

Denegar o restringir un crédito

Como en muchos otros aspectos, se impone la necesidad de prevenir deudas, antes de que estas se produzcan.

Hay muchos casos en los que es más inteligente denegar totalmente el crédito, otros en los que es mejor restringirlo, y casos en los que la experiencia aconseja alterar los plazos de pago de un cliente.

Las siguientes cartas cubren varios casos de este tipo, tanto en el campo de la venta al detalle como al mayor.

Introducción

291   Apreciada señorita,

Nos complace recibir una carta suya en la que nos solicita una cuenta de crédito a su nombre. Esta expresión de confianza y aprecio hacia nuestros grandes almacenes significa mucho para nosotros.

292   Apreciada señorita,

Gracias por su carta de solicitud de tarjeta de crédito en Seldom. Es una señal de confianza y buena voluntad que apreciamos enormemente.

293   Apreciada señorita,

Gracias por su carta fechada el pasado 21 de mayo solicitando una cuenta de crédito en nuestro departamento.

294   Estimado señor,

Su pedido n.° 875

Su primer pedido está casi listo para serle enviado, pero, en contra de nuestra voluntad, no podemos servírselo a crédito, debido a la información que nos suministró.

Apreciada señorita,

295

No hay nada que nos complazca más que proporcionarle nuestra tarjeta de crédito como usted nos solicitó.

Estimado señor,

296

Apreciamos mucho su interés por nuestro surtido de productos Tiger y nos gustaría mucho contar con usted entre nuestros distribuidores de la zona oeste.

Estimada señora,

297

Sus pedidos, efectuados de forma regular desde hace tiempo, son para nosotros muy importantes; sin embargo, se habrá dado cuenta de que nos hemos visto obligados a recordarle varias veces que el envío, de vez en cuando, de un cheque por un pequeño importe no nos permitía que su cuenta estuviera al día. De hecho, presenta, a pesar de estos pagos, un saldo deudor en constante aumento.

Desarrollo

Quizá, más adelante, estaremos en condiciones de complacerle con su petición; mientras tanto esperamos impacientemente que visite nuestros almacenes, de los que apreciará nuestro eficiente servicio y los precios que le ofrecemos.

298

Como usted ya sabe, cuando recibimos una petición de este tipo, se suele llevar a acabo una rutinaria investigación financiera y se toma una decisión para cada caso. Desgraciadamente nuestra información acerca de su solicitud es incompleta y por eso apreciaríamos que telefoneara a nuestro departamento de crédito para aclarar uno o dos puntos.

299

No nos es posible en la actualidad responder favorablemente a su demanda, pero esperamos poder hacerlo más adelante.

300

301   Quizá tenga alguna otra información que nos pueda enviar; mientras tanto, para no perder tiempo, sería preferible que nos autorizara enviarle este primer pedido contra reembolso.

302   Sin embargo, desgraciadamente, tenemos informes que demuestran que usted puede retrasarse en el pago de sus facturas y creemos que quizá tendrá dificultades para adecuarse a nuestras condiciones, que son: un 2 % de descuento en los pagos reglamentados antes de los 10 días, y un plazo máximo de pago de 30 días. Esta puede ser una situación temporal, pero mientras, estaríamos encantados de poder reconsiderar este asunto.

303   Estamos seguros de que comprenderá que no podemos seguir haciendo negocios con usted indefinidamente en circunstancias tan poco lucrativas y, por lo tanto, nos gustaría sugerirle algunas condiciones distintas para futuros pedidos. Le proponemos enviarle estos pedidos contra reembolso, al menos hasta que sus deudas sean pagadas.

      Una vez se haya resuelto el problema, quizá podamos pensar en otras condiciones con las que poder negociar y que sean beneficiosas para ambas empresas.

304   Sin embargo, como el resto de empresas que ofrecen crédito, tenemos que asegurarnos de que una persona será capaz de cumplir los términos, que son a 30 días. Sabemos, por informaciones adicionales, que usted, normalmente, necesita un poco más de tiempo. De todos modos, no quisiéramos estar mal informados y si usted fuera tan amable de proporcionarnos los nombres y las direcciones de dos empresas con las que haya establecido créditos, nos complacerá volver a considerar su petición más adelante.

Conclusión

305   Esperamos verle pronto.

306   Esperamos poder darle la bienvenida a nuestra tienda, como es habitual, y le aseguramos que continuaremos sirviéndole de la mejor manera.

Esperamos tener pronto noticias suyas y le guardaremos el pedido a la espera de su respuesta. **307**

Hemos dudado mucho antes de decidirnos a escribirle sobre este asunto, pero estamos seguros de que, como hombre de negocios, entenderá nuestra posición. **308**

Sentimos no poder servirle en estas circunstancias y esperamos sinceramente que se mejore su situación financiera lo más pronto posible. **309**

CAPÍTULO 7

Excusas y reclamaciones

■ ■ ■

Excusas

La buena voluntad de los clientes es el bien más preciado de una empresa, tanto que a veces se asimila a uno de sus activos, como por ejemplo ocurre, en el momento de vender la empresa. Sin embargo, desgraciadamente, muchos hombres de negocios olvidan este hecho y tratan a sus clientes, a veces, como si fueran enemigos.

La política de «no confiar en el cliente» no es precisamente la más adecuada.

Esta política es propia del vendedor ambulante, que vende sus productos de baja calidad a todo aquel que esté dispuesto a comprarlos, sabiendo con seguridad que, al día siguiente, tendrá que desplazarse de lugar, quizá para no volver más. ¿Por qué debería preocuparse de si el cliente está satisfecho con su compra? Probablemente, no necesitará venderle nada más.

Por otro lado, los fabricantes serios, los comerciantes al mayor o al menor esperan seguir con su negocio no sólo hasta la próxima semana, sino hasta el próximo año, los próximos diez años y, probablemente, mucho más.

Por este motivo, necesitan vender, no sólo un artículo a cada cliente, sino muchos más, incluso quizá durante toda su vida. Quieren que su cliente recomiende sus productos a sus familiares y amigos, por lo que tales productos tendrán que ser de calidad.

Además, no podemos vender un producto a un cliente y lavarnos las manos. Es importante que esté satisfecho con su compra.

Si no lo está y nos escribe para decírnoslo, nuestra primera reacción debe ser la de satisfacerle, que tenga una buena impresión de nuestra empresa, incluso, aunque le haya decepcionado, también de nuestro producto.

Este hecho tan simple ha sido puesto en práctica desde hace tiempo en Estados Unidos, donde cualquier minorista devuelve el dinero de una compra de la que el cliente no está satisfecho y cualquier fabricante hará lo que haga falta para conseguir un cliente más.

En el Reino Unido hay una empresa que destaca muchísimo por su excelente política de relación con los clientes. Se trata de Marks & Spencer S. L.

Si compra algo en M & S y no está satisfecho por cualquier razón, todo lo que tiene que hacer es devolverlo y se lo cambiarán o le devolverán el dinero sin pedirle explicaciones.

En la actualidad esto también es una práctica comercial habitual en nuestro país.

Como comentó una vez Marcus Sieff en la Cámara de los Lores inglesa, la política de la empresa de devolver el dinero a los clientes insatisfechos con un producto, no sólo sirve para mantener a los clientes satisfechos, sino también como un eficaz control de calidad. Podemos confiar en que todo cliente que escriba una carta de queja a M & S recibirá una respuesta rápida, satisfactoria y amable.

El primer punto a tener en cuenta al contestar una queja es que la respuesta debe conseguir satisfacer al cliente. Su respuesta debe ser rápida, sincera y amistosa.

Debe ser escrita desde el punto de vista del cliente y mostrando un gran deseo por resolver su problema.

Si su producto es defectuoso debe admitirlo francamente. No hay nada que irrite más a un cliente que las excusas y tentativas de girar su argumento a favor del vendedor. Si por ejemplo un cliente ha utilizado su champú y se le cae el pelo, no estará interesado en sus afirmaciones de que es un producto de alta calidad y que ha sido probado repetidamente.

A veces un cliente está muy enfadado y escribe una carta tan emotiva que no contiene los hechos necesarios para poder analizar profundamente su queja.

En estos casos lo que debe hacer es conseguirlos directamente del cliente sin irritarlo aún más. No se le ocurra decirle lo que debe hacer, ni insinuarle que no sabe cómo utilizar su producto correctamente.

No intente tener razón y nunca humille a un cliente, incluso si está equivocado. No se trata de tener siempre razón a costa de perder clientes. De hecho, un cliente insatisfecho puede perjudicarle indirectamente, ya que no se guardará para él solo su insatisfacción, sino que la irá difundiendo a sus amigos, clientes y colegas. Su negocio no puede permitirse ni siquiera un cliente insatisfecho. Así que deje que sus cartas satisfagan el propósito del cliente y le hagan entrar en razón.

Introducción

310 Apreciado señor,

Su enfado tras recibir un segundo lote de filtros defectuosos lo entendemos perfectamente y le aseguramos que estamos tan contrariados como usted por la desafortunada situación.

311 Estimada señorita,

Entendemos que esté perdiendo la paciencia por la inacabable serie de problemas que ha habido en relación a su pedido. Nos ponemos en su lugar y por eso estamos tan disgustados como usted. Podrá imaginarse lo desagradable que resulta para nosotros, sabiendo cómo valoramos a los buenos clientes.

312 Distinguido señor,

Hoy le será enviado el pedido de barandillas de acero galvanizado para reemplazar el que usted menciona en su carta del pasado 23 de septiembre.

313 Estimada señorita,

Le agradecemos que nos haya escrito acerca del vestido que no es de su agrado ya que deseamos que todos nuestros clientes queden satisfechos con las compras que hacen en ....

314 Apreciado Juan,

Siempre es un placer recibir sus cartas, incluso alguna de esas, como la del pasado 15 de febrero, que no traen buenas noticias.

Estimada señorita,

315

El error es humano y, desgraciadamente, acabamos de tener la ocasión de comprobarlo una vez más. Todo lo que podemos hacer es pedirle amablemente disculpas.

Apreciado señor,

316

No tengo explicación alguna que ofrecerle ante los irritantes errores que han sucedido en relación a su último pedido. Como usted sabe, esto no es típico de nuestro servicio y no le ofrezco este comentario como excusa, porque no hay excusa que valga para justificar un servicio mal hecho, sino para subrayar el carácter excepcional de este hecho, puesto que nuestro principal objetivo es complacer a nuestros clientes.

Estimado señor,

317

Sentimos mucho saber por su carta del pasado 22 de abril que su primera experiencia con nuestra cámara de vídeo ...... le ha resultado tan decepcionante.

Apreciada señora,

318

Gracias por enviarnos su carta para anunciarnos la desafortunada experiencia que ha tenido con la batidora ......, ya que así nos da la oportunidad de ayudarla.

Estimada señorita,

319

Sentimos mucho su decepción por el champú ......, y particular-mente porque usted tenía el derecho de esperar los mejores resultados.

Estimada señorita,

320

Sentimos mucho habernos enterado, por su carta del pasado 5 de abril, de las deplorables condiciones en que le llegó su último pedido de cristal, y nos adelantamos en asegurarle que estamos impacientes por poder arreglar este desgraciado acontecimiento de la manera que le resulte a usted más satisfactoria.

321 Señores,

Tenemos en nuestras manos su carta del pasado 7 de enero en la que nos explican que sus documentos y los nuestros no concuerdan en la cifra que deben pagar.

322 Apreciada señora,

Gracias por informarnos acerca del problema que tuvo al contratar los servicios del departamento de abrigos y trajes, que no fue del agrado que usted merecía esperar.

323 Estimada señorita,

Nos quedamos muy sorprendidos al conocer su percance con la blusa de seda que nos devolvió para que la revisáramos.

324 Apreciado señor,

Sentimos mucho habernos enterado por su carta del pasado 5 de junio, que a nuestro envío de piezas de yeso le faltaban dos unidades.

325 Estimado señor,

Ha sido muy amable por su parte dedicarnos un tiempo para escribirnos acerca de su experiencia con el curso por correspondencia ......, ya que nos ha dado la oportunidad de poder explicarle cómo puede beneficiarse al máximo de él.

326 Apreciado señor,

Nos ha sorprendido y decepcionado saber que nuestro envío de filtros de aceite todavía no le ha llegado.

327 Estimada señora,

Nos decepcionó mucho saber que la visita del señor González resultó ser tan inoportuna y nos adelantamos en asegurarle que esta no era, ni mucho menos, nuestra intención cuando le pedimos que le llamara en relación a nuestra línea de ......, por la que usted mostraba su interés.

Apreciada señora,

328

Sentimos saber que cometimos un error al completar su pedido n.º 0065.

Estimado señor,

329

Tenemos su carta del pasado 15 de abril en la que nos dijo que no está de acuerdo con nuestra factura n.º 00765, del mes de abril, y que cubre nuestro reciente envío de ....

Apreciada señorita,

330

Ciertamente no puedo negar que el presupuesto inicial que le envié va más allá de lo que usted había fijado.

Desarrollo

Aprovechamos para comunicarle que ya va de camino una nueva gama de filtros y lo recibirá dentro de uno o dos días.

331

Hemos pedido a nuestro representante local, el señor Molero, que le llame tan pronto como le sea posible y examine el embalaje y los filtros, con la finalidad de averiguar la causa de ese incidente.

332

Todavía estamos investigando la causa que propició el incidente para descubrir qué ocurrió y cómo poder evitarlo en el futuro.

333

Estará complacido en saber que este asunto está a punto de ser resuelto. Las piezas que le faltaban le han sido enviadas hoy por correo aéreo, así que todo el pedido completo estará en sus manos mañana o pasado mañana.

334

Hemos investigado el caso y hemos descubierto que, como usted ya había supuesto, ha sido utilizado un rollo de tira de acero defectuoso, y por eso la barandilla resultante falló al ser revisada en nuestro control de calidad.

335

336   En realidad no podemos explicarnos cómo han podido oxidarse las barandillas y será mejor para usted que deje este inoportuno asunto bajo nuestra atención. Puede estar seguro de que lo llevaremos a manos de nuestros proveedores, mientras tanto hay un nuevo envío en camino para usted.

337   Nuestra política es devolver el dinero de la compra de una prenda de vestir que nos ha sido devuelta en buenas condiciones y antes de cinco días después de la compra, si el cliente no está satisfecho con ella por cualquier razón.
Por lo tanto, si usted nos trae el vestido, estaremos encantados de cambiárselo por otro o le devolveremos el dinero.

338   Nos sentimos muy afligidos al conocer todas las quejas que ha tenido de nuestro ...... modelo KW-52.
Desgraciadamente, hemos recibido quejas similares de otras zonas y nuestro departamento de investigación y desarrollo está analizando lo que parece ser un fallo de ....
Por favor, disculpe a sus clientes de nuestra parte y envíeles un posible sustituto. Ya hemos retirado de la circulación el KW-52 y estamos a la espera del resultado de nuestra investigación.

339   Además, le sugerimos que se apropie de cualquier *stock* que quede de este nuevo modelo hasta que el error haya sido corregido. Nuestro departamento administrativo le enviará la factura de todo el envío y, más adelante, cuando el fallo haya sido localizado y corregido nos dispondremos a cambiarle su *stock* por las nuevas unidades.

340   Para ayudarle a conseguir los resultados que usted espera por la compra de nuestra cámara ......, le adjuntamos un pequeño libro titulado *Películas caseras fáciles de hacer*. Ha sido diseñado especialmente para nuestros clientes por nuestro departamento técnico y estamos seguros de que lo va a encontrar muy útil.

341   Además, es difícil para nosotros decidir qué es lo que funciona mal sin tener más hechos con los que poder trabajar. Por favor, ¿podría ser tan amable de responder las preguntas del formulario adjunto? Con ello nos permitirá localizar el origen del problema y ayudarle a obtener mejores resultados la próxima vez.

De hecho ya le hemos enviado un juego completo de ......, esta vez de la talla y el color solicitados, y le agradeceríamos si fuera tan amable de devolvernos su juego actual.

342

Espero que, después de los retrasos, fallos y confusiones, ahora esté satisfecho con su .... Si hay algo que podamos hacer para compensar los inconvenientes que le hemos causado, por favor, háganoslo saber.

343

Verá que hay una pequeña palanca al lado de la batidora. Puede ser conectada en cualquiera de las tres posiciones marcadas, 1, 2 y 3. Cada una de ellas es especial para un tipo de mezcla en particular, tanto si son huevos o la masa de un pastel. Con el tiempo es muy fácil recordar que 1 es para huevos y 3 para elaborar pasteles, pero hasta que no lo haya utilizado es mejor consultarlo en el libro de instrucciones que se adjunta con la batidora. Encontrará información en la página 2.

344

En lo que concierne a su bechamel, a veces se cuaja debido a varias razones. Quizá la leche esté demasiado fría o no hay suficiente harina para la cantidad de mantequilla de la mezcla. Sin embargo, hay una solución muy sencilla para este problema. Simplemente debe añadir a su mezcla unas pocas gotas de agua fría y continuar batiendo hasta que se ligue. Para hacer esta bechamel, la palanca de su batidora ...... debe estar en la posición «2», como indica el libro de instrucciones.

Sin embargo, a veces ocurre que la piel de algunas personas es extremadamente sensible y, desgraciadamente, no pueden beneficiarse de las ventajas del champú ....

345

Esta es la razón por la que el folleto de instrucciones recomienda probar una muestra del champú en el antebrazo antes de proceder a su uso. Si después de 8 horas su piel tiene una pequeña tendencia a enrojecerse, no debe utilizar el champú.

Por favor, háganos saber si quiere los dos paquetes por separado o si prefiere que se los añadamos a su próximo envío.

346

347 Por lo tanto, le adjuntamos una relación completa de todas sus facturas desde el 2 de junio de 1997 hasta ahora, así como todos sus pagos. Esto le demostrará por qué creemos que le falta por pagar el saldo total de ..... pesetas.

348 Hemos investigado este caso y parece que la dependienta que le atendió era una chica relativamente nueva y, por lo tanto, no lo suficientemente experimentada. Hemos hablado con ella y puede estar seguro de que su desafortunado percance con el departamento de trajes y abrigos no se volverá a repetir.

349 Desgraciadamente, la suya no es la primera queja que hemos tenido relacionada con estas blusas y hemos llevado el asunto al fabricante. El error es aparentemente de él, ya que las blusas no deberían estar etiquetadas con «Lavar a mano» sino con «Lavar en seco».

350 Hemos hablado del caso con nuestro departamento de embalaje y parece ser que el cristal fue empaquetado de una manera totalmente correcta. No hay razón que justifique la rotura. La única conclusión es que hubiera habido una manipulación indebida cuando estaba en ruta.

Sin embargo, lo importante para usted es tener su pedido completo tan rápido como sea posible y hoy hemos efectuado un envío para reemplazar todas las piezas que llegaron rotas.

351 En primer lugar debería escuchar toda la grabación seguida, sin intentar entender lo que se dice, este ejercicio «educa al oído» para el sonido de la lengua italiana.

Después lea la lección del libro, escuche la grabación una vez más y repita las frases después del locutor. A continuación, tendrá que saber lo que significan, exactamente, tanto las preguntas como las respuestas. Repita este ejercicio varias veces escuchando sólo las preguntas y dando usted mismo las respuestas; una vez terminado, compruebe si lo ha hecho bien.

Después puede leer las preguntas en el libro, tendrá que escribir las respuestas y compararlas con el libro o la grabación.

Alternando, paulatinamente, una y otra vez este ejercicio, se irá familiarizando con las preguntas y sabrá exactamente cómo responderlas en un italiano perfecto.

352

Hemos contactado con nuestros transportistas e insisten en que este envío en particular debería haberle llegado ya hace días.

Estamos pendientes de más investigaciones y le enviaremos un nuevo pedido por transporte aéreo para no causarle más inconvenientes.

353

Ya que nuestra línea de ...... es tan extensa y no puede adaptarse exclusivamente a las necesidades de un cliente, creemos que la visita de uno de nuestros representantes comerciales ayudará a su cliente a decidir qué piezas se adecuan mejor a sus necesidades en particular.

La intención de nuestro representante no es, en absoluto, presionar al cliente para que compre, sino, simplemente, poner a su disposición sus conocimientos sobre nuestros productos para que pueda tomar una decisión.

Versión inglesa del parágrafo precedente

353

Since our line of ...... is such an extensive one and can be tailored so closely to a customer's actual needs, we find that a visit by our sales representative helps the customer decide just which pieces fit her particular requirements best.

Our representative's intention is certainly not to put any pressure on the customer to buy, but simply and solely to put his knowledge of our products and of customer's needs at your disposal in making such an important decision.

354

Si fuera tan amable de devolvernos el pedido con las medidas equivocadas, lo cambiaremos por el correcto. Para ahorrarnos tiempo, podría, a la vez, hacernos saber cuántas medidas incorrectas llevaba el envío y así le haremos llegar un pedido inmediatamente.

355

Realmente no podemos entender cómo ha ocurrido, ya que los precios facturados son los de nuestra última lista de precios, fechada el 6 de enero de 1998, que usted ya tiene en su poder.

356   Por lo tanto, su queja queda totalmente justificada. Sin embargo, los precios aumentan muy deprisa y lo que hoy se adecua al presupuesto, mañana lo sobrepasará.

Afortunadamente existe una solución, aunque, de alguna manera, algo decepcionante; implica prescindir de alguno de los equipamientos que había solicitado. De antemano, puedo pensar en tres: las ventanas de doble cristal, un armario empotrable y el suelo de terrazo en la cocina, el baño y aseos.

357   Los precios que menciona pertenecen a un catálogo anterior, que fue reemplazado por otro el pasado 6 de enero del presente año. Le adjuntamos una copia de esta nueva lista que creemos que ya debería tener, puesto que la enviamos a todos nuestros clientes.

Conclusión

358   Esperamos tener noticias suyas muy pronto, proporcionándonos los detalles que necesitamos para poder ayudarle.

359   Sentimos mucho su insatisfacción con nuestro ...... y apreciamos enormemente la manera tan amistosa con la que nos expone su problema y permitirnos así corregirlo.

360   Esperamos sinceramente que la solución que le sugerimos merezca su aprobación y también deseamos tener muy pronto noticias suyas.

361   Creo que tanto usted como su cliente han sido excepcionalmente pacientes con este desafortunado acontecimiento. Por favor, ¿podría hacerle llegar a él este mensaje junto con nuestro agradecimiento por su colaboración?

362   Sentimos que no esté satisfecho con el traje y esperamos que le solucionen el problema cuando llame a la tienda.

Estoy trabajando para considerar sus sugerencias y espero hacerle llegar los resultados en los próximos días. Mientras tanto, si pudiera pensar en otros artículos que no le son indispensables, me ayudaría, entre otras cosas, a reducir un poco el precio. **363**

Esperamos tener noticias suyas muy pronto. **364**

Deseamos que esta información le aclare el malentendido y esperamos tener noticias suyas muy pronto. **365**

Esperamos sinceramente que en el futuro tenga muchos éxitos y aprovechamos esta oportunidad para ofrecerle nuestros servicios. **366**

Se deduce que usted tiene una de esas pieles extremadamente sensibles, por eso le sugerimos que pruebe nuestro champú ......, elaborado especialmente para estos casos. El folleto adjunto le dará más detalles. **367**
Lamentamos mucho los inconvenientes que le hemos causado y esperamos que la caja de productos ...... que le enviamos se lo recompense de alguna manera.

Apreciamos enormemente que nos haya hecho llegar este asunto a nuestras manos, ya que, sólo mediante la ayuda de nuestros buenos clientes como usted, podemos mantener nuestro servicio a la altura que tanto nos enorgullece. **368**

Por lo tanto, si devuelve la blusa a los grandes almacenes, nos complacerá cambiársela. **369**
Sinceramente, nos disculpamos por los inconvenientes que le hemos causado y le agradecemos su paciencia y colaboración.

Le deseamos que pase muchas horas felices *parlando italiano*. **370**

Esperamos que esta explicación le ayude a sentirse más satisfecho con la visita de nuestro representante. **371**

372   Por favor, mientras tanto acepte nuestras más sinceras disculpas por estos improcedentes acontecimientos y nuestro más sincero agradecimiento por la manera paciente y amable con la que nos ha hecho llegar el asunto a nuestras manos.

373   Sentimos mucho los inconvenientes que ha sufrido y esperamos que disfrute muchos años y sin problemas de su ......

374   Sentimos muy sinceramente los inconvenientes que ha sufrido y le agradecemos que nos haya hecho llegar su problema a nuestras manos. Sólo cuando nuestros clientes nos comunican los incidentes es cuando podemos corregirlos. Gracias de nuevo por escribirnos.

375   Le agradecemos que nos haya hecho llegar su caso, y nos gustaría añadir nuestros mejores deseos de un feliz y próspero Año Nuevo.

376   Gracias por escribirnos y, por favor, acepte nuestros mejores deseos para estas Navidades.

Reclamaciones

Inevitablemente, llega el día en que somos causa de quejas: un proveedor ha fracasado en una promesa, enviamos un pequeño envío y el género llega dañado, un producto no está en buen estado. Cualquiera de estas situaciones puede requerir una carta. Un servicio pobre, mercancía sucia, mala educación, comidas mal preparadas en restaurantes u hoteles, todo eso es motivo para ser comentado o para formular una queja al lugar apropiado, tanto personalmente como por escrito.

En realidad, los hoteles y los restaurantes han mejorado considerablemente en pocos años. Igualmente, el movimiento de defensa del consumidor lucha contra los abusos, pero se ha desarrollado una nueva generación de comerciantes y empresarios sin escrúpulos, capaces de todo con el objetivo de ganar una parte del mercado: mano de obra no cualificada, incumplimiento en los plazos de pago y precios desorbitantes.

Para escribir una carta de queja debemos asegurarnos de ser específicos. Hemos de exponer los hechos de un modo concreto y no mediante generalizaciones. Si es un producto que no funciona correctamente y hemos hecho algo para intentar arreglarlo, entonces debemos mencionarlo.

Una carta educada y amistosa nos proporcionará los mejores resultados. Sin embargo, desgraciadamente, este no es siempre el caso. No hay duda de que a veces los métodos más crueles son los únicos que causan algún efecto.

Algún día las cosas cambiarán y el poder recaerá fundamentalmente en el cliente.

Los siguientes ejemplos están escritos como si tal cosa ya prevaleciera. El lector es libre de confeccionar sus propias críticas devastadoras, desatar su cólera e inventar sus propios esquemas diabólicos para conseguir la reacción deseada.

Introducción

Señores,

377

Desde que instalamos su caldera de gas modelo ...... el pasado enero, se nos ha estropeado tres veces. Cada vez hemos telefoneado a su distribuidor local, ..., y cada vez ha enviado a alguien para que haga un pequeño reajuste y la caldera ha funcionado de nuevo. Como esto ha tenido lugar tres veces en un periodo de tiempo inferior a los tres meses, creemos que se debe tratar de un defecto de fabricación y es por ello que le enviamos esta carta, a la vez que una copia le será enviada a su distribuidor.

Señor,

378

Desde que apareció en el mercado su nuevo modelo de bombilla en forma de llama ......, hemos tenido tantas quejas de clientes acerca de ella que hemos decidido hacérselas llegar a usted y detener las ventas de esta bombilla hasta que el fallo se haya corregido.

Señorita,

379

He creído oportuno escribirle a usted personalmente acerca de la manera fortuita e insatisfactoria con que completó nuestro último pedido n.º ......

380 Señores,

Como cliente regular del Hotel ....., estoy decepcionado y siento tener que decirles que durante mi última estancia, ya finalizada, encontré que el servicio había empeorado seriamente y que había una indiferencia por parte del personal que nunca había sido característica de su empresa.

Desarrollo

381 Sencillamente, lo único que ocurre es que la caldera se apaga sin ninguna razón aparente. Nuestros empleados de mantenimiento, al principio la volvían a encender, pero cuando esto ya no funcionó nos pusimos en contacto con su distribuidor, como ya le he mencionado.

La segunda y tercera vez que esto ocurrió, ... dijo que si volvía a pasar tenían que hacer llegar el problema al fabricante.

382 Las quejas de los clientes son que la bombilla sólo les dura dos semanas, o un mes o dos.

Les cambiamos la bombilla, pero regresan de nuevo unas semanas después con la misma queja.

383 Aquí tiene una lista detallada de cómo fue recibido el envío:

Caja n.º 1 ...... Falta una docena de vinagreras.

Caja n.º 2 ...... Toda ella con tazones Regency, cuando debían ser Clarence.

Caja n.º 3 ...... Contiene dos docenas de cuchillos para el postre, cuando nosotros no los solicitamos, y sólo cuatro docenas de cuchillos y tenedores Clarence para la carne, en lugar de las seis que nosotros pedimos.

Caja n.º 4 ...... Faltan dos platos de verdura.

Caja n.º 5 ...... Falta un juego de trinchar.

Caja n.º 6 ...... Esta es la única que contiene todo lo que debe según nuestro pedido.

Cuando llegué la noche del domingo 23 de marzo tuve que esperar media hora antes de que alguien me prestara atención en el comedor. Me di cuenta de que los camareros estaban ocupados, pero este tipo de servicio, o la falta de él mejor dicho, no va en consonancia con un hotel de primera clase. Cuando finalmente alguien me prestó atención, el camarero parecía no poder reprimir su descontento por no pedirle ninguna bebida alcohólica para acompañar mi comida. Me estoy recuperando de una larga enfermedad y, de momento, no debo permitirme alcohol de ningún tipo.

Sin embargo, no creo que tenga que explicar esto a ningún camarero para evitar su mal humor.

384

Aunque pedí el té por la mañana en dos ocasiones, las dos veces tuve que irme sin él.

385

Aunque llegué a las 13:30, que creo que es una hora razonable para comer, el recepcionista me dijo que me apresurara ya que el servicio terminaba a las 14:00.

Tuve la impresión de que era yo quien debía facilitar las cosas al personal del hotel y no al revés.

386

Conclusión

Hemos llegado a ese punto de no querer esperar hasta «la próxima vez». Preferimos que nos envíe un ingeniero que revise la caldera y haga los ajustes necesarios y que funcione correctamente no sólo durante dos semanas, sino permanentemente.

Esperamos que su ingeniero venga sin retraso.

387

No podemos ayudarle, pero creemos que hay algún fallo en las bombillas y le agradeceríamos enormemente que lo revisara. De momento le devolvemos el *stock* de dos docenas de bombillas y nos complacería recibir el dinero correspondiente.

388

Obviamente espero recibir los productos que me faltan y ya he dado instrucciones para que sean devueltos los que no me corresponden. Sin embargo, escribo con la esperanza de que se esforzará para mejorar la situación en su departamento de pedidos.

389

Esta no es la primera vez que los pedidos han sido enviados incorrectamente y estoy seguro de que se dará cuenta de lo molesto que resulta, además de la pérdida de tiempo que supone.

Espero que no se moleste por haberle hablado con tanta claridad. Valoro mucho nuestra larga relación comercial y sé que, principalmente, lo que desea es ofrecernos un buen servicio.

390 He estado hospedándome en el Hotel ...... durante tantos años que no hay nada que desee más que continuar haciendo lo mismo, y apreciaría enormemente que me aseguraran que mi última experiencia no fue el resultado de una política nueva, sino, simplemente, un conjunto de acontecimientos desafortunados.

CAPÍTULO 8

Relaciones con el personal

■ ■ ■

Las cartas que escribimos a un aspirante a un puesto de trabajo y a los empleados nuevos de la empresa son muy importantes. En primer lugar, estas cartas son, a menudo, el primer contacto que un aspirante a un empleo tiene con la empresa y, por eso, deberá causar buena impresión. Si es buena, mala o indiferente dependerá de la apariencia y del contenido de la carta y, especialmente, de su tono y actitud. Es importante que le dé buena impresión de la empresa, incluso si el solicitante no entra a formar parte de ella. Si nos hemos dirigido a él con una carta escueta y fría o, si al hablar con él, nos mostramos fríos y distantes, él podría sentirse resentido y decidir no utilizar nuestros productos o servicios e, incluso, en un futuro, podría advertir a sus amigos y familiares en contra nuestro.

Los aspirantes que finalmente sean contratados necesitarán un tiempo de adaptación.

Será necesario conseguir que el nuevo empleado se sienta bienvenido, y ayudarlo a que se integre tan rápidamente como sea posible. Las cartas cálidas y amistosas pueden ser muy importantes en este sentido. Casi todo puede ser dicho de una manera cálida y amistosa y no existe, en absoluto, ninguna razón por la que una carta que hable de condiciones de empleo, normas de funcionamiento, etc., no deba estar escrita en ese tono.

Las cartas que establecen las condiciones del empleo, la descripción del trabajo, etc., también deben ser muy claras y completas para evitar malentendidos y posibles disputas. Las cartas de denegación de alguna solicitud de empleo deben ser corteses y diplomáticas, así como también deben serlo otras cartas que lleven noticias no gratas.

Las cartas adjuntas a los formularios de solicitud de empleo, las que piden a los candidatos que acudan a una entrevista, las que les anuncian que han tenido éxito o no a la hora de ser incluidos en la lista o las que aseguran un puesto, pueden ser seleccionadas entre los siguientes ejemplos y ser almacenadas en la memoria del procesador de textos. Después, se les puede añadir el nombre para dar a cada una de las cartas esa impresión indispensable de haber sido escrita individualmente. Los títulos y otros detalles pueden ser también incluidos utilizando los recursos del procesador.

Introducción

391 Señor,

Siento tener que informarle que su solicitud de empleo como auxiliar administrativo para nuestra empresa no ha sido seleccionada.

392 Señorita,

Me gustaría tener mejores noticias para usted, pero, desgraciadamente, le escribo para hacerle saber que su solicitud de empleo como auxiliar administrativa para nuestra empresa no ha sido seleccionada.

393 Señor,

Gracias por su carta del pasado 23 de marzo en respuesta a nuestro anuncio de oferta de empleo como ....

394 Señorita,

Secretaria de dirección bilingüe

De acuerdo con su petición, nos complace adjuntarle un formulario de solicitud para el puesto anunciado.

Señorita,   395

Secretaria de dirección bilingüe

Gracias por su carta fechada el pasado 22 de febrero y con el formulario relativo al puesto anunciado ya contestado.

Señor,   396

Hemos leído con gran interés su anuncio en la sección de demandas de *La Vanguardia.*

Señora o señor,   397

Su anuncio en la columna de «Colaboradores» de ...... nos ha llamado la atención.

Señorita,   398

Después de nuestra conversación del pasado miércoles, he tenido la oportunidad de hablar de este tema con nuestro director de marketing, el señor Ramón Gonzalvo, y me ha pedido que le conceda una entrevista con él.

Señor,   399

Gracias por su interesante carta del pasado 21 de mayo relacionada con el puesto vacante en nuestra empresa.

Señor,   400

En referencia a nuestras conversaciones relacionadas con la vacante de director de ventas, debo preguntarle si puede venir y entrevistarse con nuestro director administrativo, el señor Antonio García.

Señorita,   401

Me dirijo a usted en referencia a su reciente solicitud de empleo como secretaria en nuestra empresa, y siento mucho comunicarle que su nombre no ha sido seleccionado.

Versión inglesa del parágrafo precedente

401   Dear Miss Smith,

With reference to your recent application for the secretarial position with our company, I am very sorry to have to inform you that your name did not get through to the short list.

402   Señor,

Director de zona

Me dirijo a usted en referencia a nuestras conversaciones relacionadas con el puesto anteriormente mencionado, y siento mucho tener que comunicarle que otro candidato ha sido seleccionado.

403   Señorita,

Le gustará saber que su solicitud de empleo ha sido seleccionada y que le ofrecemos el puesto de secretaria que usted nos solicitó.

404   Señor,

Representante técnico de ventas

Le gustará saber que usted ha sido el candidato seleccionado para ocupar el puesto mencionado previamente y que estamos satisfechos de contar con usted entre nuestros candidatos.

405   Señor,

Como resultado de la entrevista que mantuvimos el pasado miércoles, me place confirmarle que usted ocupará un nuevo puesto en nuestra empresa el próximo 3 de marzo. Le espero pues en mi despacho antes de esa fecha.

406   Señor,

Ahora que ya están cumplidas todas las formalidades, me place darle la bienvenida a Spoonex y decirle cuánto nos alegra que se haya unido a nosotros.

Estimados colaboradores,

407

Deseo que en tanto que miembros de esta sociedad, sean ustedes los primeros en conocer los resultados del balance de cuentas que acabamos de realizar.

Apreciados colaboradores,

408

Ya que se acerca la Navidad y termina el año, me complace agradecerles su espléndida dedicación durante estos últimos doce meses.

A todo el personal de la empresa:

409

En esta época del año es una costumbre de todos nosotros preguntarnos cuánto aumentará nuestra prima anual, incluso sabiendo que si el beneficio es nulo la prima será inexistente.

Apreciados colaboradores,

410

Este es el tipo de cartas que más me gusta escribirles, aunque preferiría dirigirla a cada uno de ustedes en particular.

Estimada señorita,

411

Le complacerá saber que su aumento de sueldo ha sido aprobado y se le aplicará a partir del día 1 del próximo mes.

Apreciado señor,

412

Después de nuestras recientes conversaciones, le complacerá saber que he discutido el tema de su promoción con el señor ...... y hemos llegado al acuerdo de que usted debe ocupar el puesto de Director de la zona norte a partir del 1 de marzo o, si no, tan pronto como su sucesor esté dispuesto para ocupar el lugar que ahora usted ocupa.

Estimada señora,

413

Nos volvemos a encontrar en esta época del año en que dejamos, por un tiempo, nuestros puestos de trabajo para celebrar la Navidad con nuestras familias. El único objetivo de esta carta es desearle a usted y a su familia unas felices fiestas.

414 Estimado Antonio,

Unas pocas palabras para desearte a ti y a tu familia los mejores deseos para estas Navidades.

415 Estimado señor,

Como usted sabe, estamos preparando la jornada de puertas abiertas para clientes y vecinos, que tendrá lugar el próximo 23 de marzo, para que puedan ver nuestro nuevo local. No obstante, creyendo oportuno que los empleados sean los primeros en conocer las buenas noticias pero también en disfrutar de las celebraciones, he decidido organizar una fiesta de inauguración del nuevo local la semana previa, el 18 de marzo, a partir de las 17:30, o tan pronto como podamos «cerrar».

416 Estimada señorita,

Es un placer, una vez más, invitarle a la cena de gala de nuestra empresa.

417 Apreciada señorita,

Como todos saben, el señor Juan Benito se jubila al final del año. Hemos decidido organizarle una fiesta sorpresa que tendrá lugar el próximo viernes 15 de diciembre a las 6 de la tarde, en el comedor de la empresa. Es mi obligación preocuparme de que el señor Benito no sepa ni sospeche nada y espero que usted pueda colaborar conmigo.

418 Señorita,

Es un placer darle la bienvenida al equipo directivo de Zeeland.

419 Señorita,

Me complace darle la bienvenida a Smithsons & Company.

420 Apreciado Carlos,

Es un placer enviarle mis más sinceras felicitaciones por su futura boda.

Estimado Señor,   421

Acabo de enterarme de su reciente compromiso y me adelanto en enviarle mis más sinceras felicitaciones y los mejores deseos para una larga y feliz vida matrimonial.

Estimado Jorge,   422

¡Me acaban de decir que ha sido un precioso niño de 3 kilos! Mis más sinceras felicitaciones para ti y para Cristina por vuestro primer bebé.

Apreciado Juan,   423

Acabo de enterarme por la señorita Morán que has superado con mucho éxito tu examen final de experto-contable.

Querido Guillermo,   424

Te complacerá saber que has sido elegido el primer vendedor de nuestra competición anual.

Apreciada señorita,   425

Como usted ya ha alcanzado el decimoquinto año de servicio en nuestra empresa nos sentimos dichosos de darle la bienvenida a nuestro Golden Club.

Señor,   426

Revisión médica anual

Esta pequeña nota es para recordarle que puede pasar a realizar su revisión médica anual en el centro BUPA.

Desarrollo

Quizá le ayude a sentirse menos decepcionado si le digo que el número de solicitudes recibidas ha sido inusualmente grande, por lo tanto, nuestra selección ha sido especialmente restringida. Inevitablemente, muchos candidatos no han podido ser seleccionados.   427

428 Por favor, no permita que estos resultados le decepcionen y le desanimen a intentarlo de nuevo más adelante.

429 Nos sentimos extremadamente afortunados tanto por la calidad como por la cantidad de solicitantes y el resultado ha sido que, inevitablemente, algunos candidatos excelentes han tenido que ser descartados.

430 Le agradecería enormemente que viniera a verme para hablar del tema, el próximo lunes 30 de abril a las 14:30.

431 Por favor, rellene el formulario adjunto y tráigalo con usted cuando venga.

432 Si el día y la hora mencionados no son adecuados para usted, por favor, telefonee a mi secretaria, la señorita Rojas, y estoy seguro de que podrán convenir otro momento.

433 Por favor, rellene el formulario y devuélvanoslo tan pronto como sea posible. Esperamos confeccionar una pequeña lista para finales de este mes.

434 Confeccionaremos una pequeña lista a su debido tiempo y, por supuesto, se le notificará si su nombre ha sido incluido.

435 Si no le importa telefonear a mi secretaria, la señorita María Valle, ella le concertará una cita para que podamos hablar de alguna posible vacante para usted en nuestra empresa.

436 Normalmente disponemos de pequeños trabajos que creemos que usted podría realizar y le agradecería que telefoneara a la señorita Cuevas, mi secretaria, para que le concertara una cita para la próxima semana.

437 El próximo miércoles a las 15:00 sería una buena hora, pero si no le es posible venir, por favor, llámeme y estoy seguro de que podremos buscar otra alternativa.

Si viene cualquier tarde de la próxima semana y pregunta por mí, **438** podremos hablar de una nueva posibilidad.

Nos gustaría que empezara en febrero y espero que usted pueda **439** hacerlo. Por favor, háganos saber cuándo podemos disponer de usted; mientras tanto, nos gustaría felicitarle por su éxito.

Comprendemos perfectamente que usted debe informar de su di- **440** misión a sus superiores, pero creemos que le será posible empezar a trabajar para nosotros el próximo 1 de marzo.

Verá que Spoonex es un lugar muy agradable para trabajar. Deja- **441** mos a nuestros trabajadores explotar libremente sus competencias y sabemos apreciar y recompensar sus esfuerzos.

Le complacerá saber que este ha sido un año récord. Las ventas **442** han alcanzado un nivel de ...... pesetas por primera vez en la historia de nuestra empresa y los beneficios alcanzan la cantidad de ...... pesetas.

Entiendo perfectamente que estos resultados no habrían sido posi- **443** bles sin el esfuerzo y la colaboración entusiasta de cada uno de ustedes y quiero mostrar mi agradecimiento de una manera tangible, bajo la forma de una apreciable prima.
La cantidad que obtendrán de estos beneficios está especificada al final de esta página y espero que estén satisfechos con ella.

Como ocurrió el pasado año, las ventas han continuado mejorando **444** al igual que los beneficios. De hecho, las ventas han sido de un 15 % más que el año pasado y los beneficios han subido, también en proporción.
Teniendo en cuenta que esperábamos que este año fuera especialmente malo, estos resultados son muy gratificantes y quiero que sepan cuánto les agradezco el duro trabajo que han hecho para que esto sea posible.

445   Ha sido un año difícil, en muchos sentidos, pero, a pesar de ello, los resultados han sido excelentes. Gracias a todos por su trabajo duro y entusiasta.

Aprovechando que se acercan las vacaciones de Navidad, les deseo lo mejor para usted y los suyos. Y espero que el Año Nuevo sea feliz y próspero.

446   Desgraciadamente, el pasado año fue un año desolador para nuestra empresa y, en lugar de beneficios, hemos tenido pérdidas.

Estoy seguro de que entenderán que esto significa que no hay ningún fondo que repartir, por lo tanto, este año, no habrá bonificaciones.

Obviamente, este estado de cuentas es igual de decepcionante para todos nosotros, pero no permitiremos que esto tenga un efecto desmoralizador. El negocio vuelve a estar en marcha y si todos nos esforzamos y trabajamos duro, estoy convencido de que el presente año terminará con unos resultados bastante diferentes.

447   ¿Podría acercarse el próximo miércoles a las 16:00 horas?

448   Quiero que sea el primero en saber que las ganancias han sido excelentes en este año fiscal que termina: las ventas y los beneficios han subido, y el futuro de nuestra empresa parece muy prometedor.

Por lo tanto ha sido posible aumentar las bonificaciones de acuerdo con ello y, además, a su próximo sobre de paga le acompañará una pequeña sorpresa.

449   Usted ha trabajado muy duro durante el pasado año y tengo el placer de informarle que sus esfuerzos serán recompensados como se merecen.

450   Ha sido un año excelente para nuestra empresa y usted tiene todo el derecho de tomarse unas pequeñas vacaciones con la satisfacción de haber realizado un buen trabajo.

Versión inglesa del parágrafo precedente

It has been an excellent year for our company and you have every right to go off for the holiday break sure in the knowledge that you have done a good job and well deserve to enjoy the festivities to the hilt.

450

Esa velada estará marcada por un espectáculo de cabaret excepcional, sobre el cual, naturalmente, tenemos que guardar secreto.

451

Por tal ocasión, nosotros le daremos un regalo de despedida, que pueden todos pasar a ver por mi despacho hasta el 15 de diciembre.

452

Un hombre de su personalidad y energía lo hará bien en nuestra empresa y verá que no tardamos en reconocer el talento y el esfuerzo, ni en recompensarlo adecuadamente.

453

Desde que ha podido conocer nuestro pequeño equipo y nosotros hemos tenido la oportunidad de conocerle a usted, confío en que podemos trabajar juntos en armonía. Por descontado que puede contar con nuestra colaboración incondicional y sé que nosotros podemos contar con la suya.

454

Una persona con su encanto, carácter amistoso y buen gusto para la moda llegará lejos en Smithsons y, por supuesto, comprobará que no le faltarán oportunidades de ascenso.

455

Creo que comprobará que este es un lugar de trabajo muy complaciente, con colegas amistosos y colaboradores.

Nuestro sector de trabajo está en expansión y dentro de él, nuestra empresa mantiene una posición líder. Por lo tanto, esto significa que nuestro personal tiene muchas probabilidades de ascender y adquirir más responsabilidades.

Confío en que usted es una de esas personas que saben reconocer este tipo de oportunidades tal y como se presentan, y es un placer tenerlo con nosotros.

456

457   Verá que pedimos a todos nuestros trabajadores dedicación y trabajo duro, pero somos generosos en el momento de recompensar estas cualidades.

458   ¡Mis más sinceras felicitaciones! Quiero que sepa que nos sentimos especialmente orgullosos de tener gente como usted entre nuestro personal y estamos particularmente impacientes de que pueda desarrollar su talento en nuestra empresa así como de asumir nuevas responsabilidades. Le aseguro que no le faltarán oportunidades.

459   Sé lo duro que ha estado trabajando para conseguir esta meta y le felicito sinceramente por su éxito.

460   Usted recibirá una prueba más tangible de nuestro reconocimiento antes de nuestra reunión el próximo mes. Mientras, desearía darle las gracias por sus esfuerzos y decirle lo muy satisfecho que me siento de contar con usted entre nuestros vendedores.

461   La notificación se hará oficial en nuestra próxima reunión comercial y una sorpresa le está reservada; mientras tanto déjeme que sea yo el primero en felicitarle por su ascenso.

     El nuestro es un excelente equipo comercial y ser el mejor dentro de él no es tarea fácil. ¡Bien hecho!

462   Por lo tanto, queda oficialmente invitada para asistir a la próxima reunión, que tendrá lugar el miércoles 15 de marzo a las 18:30. Será bienvenida al Club y, a partir de entonces, formará parte de la elite que ha estado sirviendo a nuestra empresa durante 15 años.

463   Como usted sabe, la señorita Julia Moreno, que ha estado con nosotros alrededor de 25 años, es la presidenta del Club y pronto tendrá noticias suyas.

     El único objetivo de esta es darle mis más sinceras felicitaciones y comunicarle mi placer de que usted sea uno de esos fieles trabajadores que son el orgullo de nuestra empresa.

464   Si hay algunos puntos que no los ve claros, por favor, hágamelo saber y podremos aclararlos juntos.

Cuando haya leído el folleto cuidadosamente, se dará cuenta de las ventajas que ello le reporta. `465`

Hemos concertado una cita para usted a las 15:30 el próximo miércoles 23 de marzo. `466`

Por favor, no se sienta desilusionado con este resultado, ya que si normalmente hay cuatro o cinco candidatos que superan una primera selección, sólo dos son requeridos para la entrevista, para que, al final, sólo uno de ellos sea el elegido. Por lo tanto, inevitablemente, debe haber tres o cuatro candidatos descartados por cada uno elegido. Sin embargo, esto no quiere decir que usted sea una persona menos cualificada que el candidato elegido, ya que se tienen en cuenta muchos factores en el momento de tomar la decisión. `467`

Verá que su nueva posición alcanza una tremenda envergadura y que le ofrece nuevas oportunidades de ascenso. `468`

Conclusión

Gracias por haber aceptado venir a las entrevistas y le deseamos suerte en sus intentos de conseguir un puesto consecuente a sus aspiraciones. `469`

Gracias por venir a vernos y, por favor, no deje de intentarlo de nuevo más adelante, si usted lo desea. `470`

Agradecemos enormemente que haya asistido a las entrevistas y deseamos que tenga suerte en encontrar un puesto como directivo. `471`

Esperamos tener noticias suyas. `472`

No debe olvidar que esto no significa en ningún caso que usted no tiene las cualidades ni las competencias que este puesto requiere. Solamente había una vacante y un número impresionante de aspirantes. `473`

Gracias, a pesar de todo, por haber aceptado entrevistarse con nosotros.

474 Por favor, confírmenos este punto.

475 Esperamos que pueda empezar el 1 de febrero y requerimos su rápida confirmación.

476 Silvia Marqués preparará una lista de todos aquellos que tienen intención de asistir, así que, por favor, hágaselo saber tan pronto como sea posible.

477 Si se encuentra alguna vez con algún problema que quisiera discutir en privado, me encontrará siempre disponible y dispuesto a ofrecerle mi ayuda.
Espero que se una a nosotros.

478 Espero tener pronto noticias suyas.

479 Si trabajamos todos juntos este año tan duro como lo hicimos el pasado, los resultados serán incluso mejores, para beneficio de todos.

480 Feliz Navidad y un próspero Año Nuevo.

481 ¡Mantenga este ritmo de trabajo!

482 Le deseo que tenga mucho éxito en su nuevo puesto de trabajo y le felicito por haber ascendido tan deprisa.

483 Señale el día en su agenda y esté preparado para pasarlo bien.

484 Por favor, hágale saber a María Morán si vendrá o no.

485 Deseo que usted y su esposa disfruten muchos años de un matrimonio feliz.

486 Permítame que sea el primero en felicitarle por su puesto en este círculo de elite. Como ya sabe, valoramos mucho nuestros empleados veteranos en Longley's.

Versión inglesa del parágrafo precedente

Let me be the first to congratulate you on achieving this élite status. As you know, we value our long-service employees very highly indeed at Longley's.

486

Por favor, confirme que la cita se llevará a cabo.

487

Mientras tanto, sea bien recibido entre nosotros.

488

CAPÍTULO 9

Peticiones de información

■ ■ ■

El primer requisito para elaborar una carta de petición es que esta debe ser clara. Si no es así, entonces no producirá el efecto deseado.

Hay empresas que, para su publicidad, suelen enviar folletos, muestras, etc. Si uno de esos artículos le interesa y quiere que se lo envíen, expréselo claramente ya que el destinatario no adivina aquello que no está escrito.

Si queremos algún folleto, o que nos aclaren uno o dos puntos, es preferible listar cada uno por separado y numerarlos consecutivamente. Así ayudamos al destinatario a ver rápidamente lo que queremos o verificar que nos suministró los documentos necesarios o comprobar cada punto para poder responder.

Cuando se pregunta por precios o presupuestos, es muy importante ser específico y conciso dando al fabricante las referencias y descripciones correctas.

Cuando pedimos que se nos abra una cuenta, ahorraremos tiempo si decimos que disponemos de otras cuentas abiertas y cuáles son nuestras entidades bancarias.

Si quiere solicitar una cita de negocios, no espere al último momento para hacerlo, especialmente si se trata de hombres importantes u ocupados. Arrégleselas para darles la máxima libertad posible para elegir el día y la hora.

Introducción

Señores,

489

Apreciaría muchísimo que abrieran una cuenta a mi nombre en su almacén.

Señores,

490

Estamos preparando, para dentro de unos meses, una presentación con alrededor de 200 invitados, y nos gustaría contar con la siguiente información.

1. Tipo de salas de las que disponen.
2. Su precio.
3. Precio aproximado de un aperitivo para 200 invitados.

Estimado señor,

491

Nuestra empresa está considerando seriamente la posibilidad de abrir una sucursal en el norte de España y hay varios aspectos de esta operación que me gustaría discutir con usted.

Apreciada señorita,

492

Estaré en Barcelona el próximo lunes y martes, y me pregunto si es posible ir a verla en esos días.

Señorita,

493

¿Desearía reducir sus gastos de facturación en un 20 %? Nuestra empresa ha desarrollado un método especial para ello que permite, a la vez, simplificar todo el proceso de trabajo.

Señor,

494

¿Le gustaría reducir sus pérdidas casi al cero? Estoy seguro de que sí, y me gustaría ir y explicarle cómo puede hacerlo.

495 Señores,

Estamos pensando en modernizar nuestras oficinas de dirección y por eso hemos decidido confiar la operación a una empresa especializada como la suya.

496 . Señores,

Frecuentemente necesito con urgencia algún producto de su almacén, y creo que ganaría mucho tiempo si abriera una cuenta a mi nombre. ¿Sería ello posible?

497 Señor,

Desearía renovar mi cartera de obligaciones americanas y le agradecería enormemente que me ayudara en ello.

498 Señorita,

Queremos publicar una revista sobre temas del hogar y estamos considerando la posibiliad de confiar la redacción a un equipo de colaboración externa. Usted nos ha sido recomendada por el señor Jimeno, de Magazine & Co., y le agradecería que me informara sobre la manera en que usted trabaja, así como del precio aproximado de la operación.

499 Señores,

Agradecería enormemente que me enviaran los folletos siguientes referentes a ayuda de dirección:

1. Reducción de los riesgos en el desarrollo de producción.
2. Problemas a evitar en la dirección de pequeños negocios.
3. Querer no es suficiente.

500 Apreciado señor,

Estoy preparando un pequeño discurso para el próximo congreso del partido y me gustaría hacer referencia a su excelente conferencia del mes pasado.

Señores, 501

Agradecería muchísimo recibir una copia del folleto *Una nueva imagen para la oficina* que ha sido anunciado en el periódico local.

Señores, 502

Les importaría hacernos llegar su presupuesto para:
1.000 tubos de cartón de 4 cm de diámetro por 20 cm de largo.

Señores, 503

Desearíamos que nos hicieran un presupuesto para el mantenimiento del jardín de la oficina.

Señores, 504

Por favor, nos podrían enviar el presupuesto de la pala mecánica montada para el tractor CAT-245.

Señores, 505

Por favor, nos podrían comunicar los precios más económicos que ustedes pueden ofrecernos en relación a la exportación de la siguiente maquinaria, en vistas a un contrato con Paquistán:

— 15 excavadoras modelo 555 de Bronson.
— 25 excavadoras modelo 468.

Señores, 506

Podrían facilitarnos el presupuesto de los siguientes lotes de corcho:

— De 25 a 35 cajas de Flor.
— De 50 a 120 cajas de Al.
— De 75 a 150 cajas de A3 o A4.

Señores, 507

Les adjunto un boceto, dibujado a escala, de un pequeño anexo que proyectamos construir y del que ya contamos con el debido permiso. A continuación encontrará el listado de materiales que necesitamos utilizar. ¿Podría, por favor, hacernos llegar un presupuesto para la ejecución de ese trabajo?

508 Estimada señorita,

Hace ya seis meses que organizamos nuestro primer *stage* de lenguas extranjeras y ya hemos podido comprobar la calidad de los conocimientos que usted aportó a nuestro servicio de exportación.

Estamos tan satisfechos, que hemos decidido extender esta formación a otros departamentos durante un periodo de algunos meses. ¿Podría comunicarme la fecha en la que podría reemprender los cursos, que comprenderían 5 o 6 participantes por grupo?

509 Señores,

Laboratorio de productos químicos

Tenemos que elaborar el presupuesto para una fábrica de productos químicos en Brasil, incluyendo el transporte y la construcción del edificio, y le agradeceríamos que nos hiciera llegar su presupuesto más económico, incluyendo nuestra comisión del 10 %.

510 Señores,

Le enviamos una muestra del acero forjado que necesitamos en cantidades de aproximadamente 10.000 piezas al mes. Por favor, ¿podrían hacernos llegar su presupuesto?

511 Señores,

Debemos, antes de la primavera, remodelar nuestro local en Vigo y desearíamos que nos hiciera llegar el presupuesto para un techo, que mide 10 × 7 metros. El plano adjunto le dará una mejor idea del área en cuestión.

512 Señores,

A principios de año nos trasladamos al nuevo local de Torrelavega y queremos comenzar con un mobiliario nuevo. Para poder disponer del suficiente tiempo para decidirnos, les agradeceríamos enormemente que nos enviaran rápidamente los catálogos de todas sus líneas de muebles de oficina.

Señores,

513

Me he estado informando interesadamente sobre sus teléfonos celulares y me gustaría muchísimo que me hicieran una demostración de este equipo.

Señores,

514

Por favor, podrían enviarme una copia de su folleto *Diez fallos caros a evitar antes de construir,* anunciado en el periódico XXX.

Señores,

515

Hemos quedado expectantes acerca de su sugerencia de que podemos reducir nuestros gastos de explotación instalando su sistema de bombeo. Es cierto que la consistencia de su producto no es muy distinta a la del pegamento o la cola, y les agradeceríamos mucho que llevaran a cabo un test con nuestro producto.

Señorita,

516

Estuve presente en su presentación del pasado miércoles y me quedé muy impresionado de las posibilidades que ofrece su servicio «El tenedor de plata». Me gustaría que viniera a hablar sobre este servicio más detalladamente con el director de personal y conmigo.

Versión inglesa del parágrafo precedente

Dear Ms Richards,

516

I attended your preview on Wednesday and was much impressed by the possibilities offered by your Silver Fork service. I wonder if you would care to come and discuss this service with my Personnel Manager and me in greater detail?

Señores,

517

Deseamos informatizar nuestro departamento administrativo y les agradeceríamos enormemente que nos enviaran alguna información preliminar sobre su serie de ordenadores 200, junto con los detalles de su plan de financiación.

518   Señores,

Le pido que me envíe la más amplia información de su estudio sobre el comportamiento y, si es posible, una pequeña lista de empresas que hayan recurrido a sus servicios.

519   Señores,

Hemos creído comprender que les es posible realizar estudios históricos en distintos ámbitos y nos preguntamos si podrían enviarnos un presupuesto para un trabajo sobre la evolución de los cosméticos a través de los años. Sabemos que se trata de un campo muy amplio y por ello les pedimos que nos informen del presupuesto de un estudio en detalle y de otro más breve, que podría comprender unas 50 páginas.

520   Señores,

Nuestra compañía está intentado buscar información para un cliente y creemos que su archivo de recortes de prensa podría sernos de gran utilidad.

521   Señores,

Por favor, ¿podría elaborarnos un presupuesto, según los precios de Madrid, para las siguientes mesas de mármol?:

— 100 mesas para café que midan, aproximadamente, 1 m × 80 cm.
— 100 mesas redondas para café, con un diámetro aproximado de 1 m.
— 50 mesas para comidas, aproximadamente de 1,5 × 1 m.

Desarrollo

522   Mi banco es Barclays Bank, la sucursal del centro, y tengo una cuenta abierta a nombre de...

523   No puedo ofrecerle ninguna referencia relacionada con otros grandes almacenes ya que no tengo costumbre de abrir múltiples cuentas pero puede pedir referencias en Caja Madrid, en su sucursal de La Castellana, o en el Banco Central, en su sucursal de Moncloa.

¿Sería posible ir a visitarle el próximo jueves? Llegaré a la ciudad a las 21:00 horas y mi primera llamada sería para usted. Sin embargo, si no le va bien, hágamelo saber y así podré reorganizar mi jornada e ir más tarde.

524

¿Sería tan amable de dedicarme un poco de su tiempo libre el próximo miércoles por la tarde o a la mañana siguiente? Llegaré a Madrid hacia el mediodía y espero irme el jueves tan pronto como sea posible.

525

Si me dijera qué hora le es más conveniente, organizaré mi jornada de acuerdo con ello.

526

¿Podría acercarme para explicarle más detalles sobre nuestro sistema y como este podría ayudarle?

527

Estaré por su zona el próximo miércoles por la tarde y podría acercarme a la hora que a usted le convenga más.

528

Suelo estar por su zona los jueves y espero que pueda dedicarme un poco de su tiempo el próximo jueves 25 de marzo. Estoy seguro de que comprobará que habrá sido un tiempo bien empleado.

529

Para ayudarnos a tomar una decisión, nos gustaría tener información de cómo operan, el coste de la operación, etc.
Si disponen de algún folleto, nos gustaría mucho poder estudiarlo, o si no, quizá podrían mandarnos a alguien para que nos informe.

530

Algunos de nuestros ejecutivos tienen ideas muy concretas de cómo quieren que estén decorados sus despachos y necesitamos un poco de diplomacia para conciliar sus gustos con el proyecto en su conjunto.

531

532 La sala tendrá que ser lo suficientemente grande como para acomodar a 200 invitados, más una docena de miembros de nuestro personal, así como cinco vitrinas y cinco *stands*. También necesitamos bastantes tomas de luz para poder conectar los monitores.

533 Quizá podría enseñarme dos o tres posibles menús con sus precios correspondientes.

534 Tal vez la mejor solución sería organizar un *buffet*, pero le dejo decidir lo que crea más conveniente de acuerdo con el número de asistentes.

535 Tenemos una revista para el hogar proyectada y necesitaríamos mil copias de cada edición. No hemos decidido todavía si será distribuida mensualmente o semanalmente, ni tampoco hemos pensado demasiado en el formato. De hecho, nuestros planes todavía están en la primera fase.

536 Nos gustaría realizar dos ediciones, una interna y otra externa, con material común para las dos, incluyendo algunas de las páginas actuales.

537 En el análisis final, los costes influirán en nuestra decisión, y nos gustaría que nos diera una idea aproximada.

538 Supongo que esos folletos son gratuitos pero, en el caso contrario, infórmeme para que pueda enviarle un cheque lo más pronto posible.

539 Tal vez tenga su discurso escrito; si es así, ¿podría prestármelo? Puede estar seguro de que lo cuidaré muchísimo.

540 Sería tan amable de enviármelo a mí personalmente para evitar que se extravíe.

541 Los tubos deberán estar sellados por un extremo y tener el otro libre.

El terreno cubre una superficie de 2.500 m² y está formado por dos pequeñas parcelas delante del edificio, dos extensas en la parte trasera, adornadas con arbustos y dos rosaledas; está rodeado por una llanura.

542

Si quieren ver el terreno, acérquense cuando lo deseen y pregunten por mí.

543

Por favor, háganos llegar también la fecha de entrega más rápida para usted. Necesitamos este equipo urgentemente.

544

El precio debe incluir las tasas del puerto, incluyendo el embalaje de exportación. Esperamos otros posibles presupuestos para este contrato; por eso, le pedimos que calcule su presupuesto de la manera más ajustada posible, incluyendo nuestra comisión del 3 %.

545

Los precios deben ser francos.

546

Un precio franco de cualquier puerto español nos interesaría igualmente.

547

Esperamos poder mudarnos al nuevo anexo la próxima primavera y por eso esperamos su respuesta lo más pronto posible.

548

Si desea venir para inspeccionar el lugar, por favor, háganoslo saber.

549

Creemos que el modelo «K» sería el más adecuado para esta fábrica, ya que nuestros clientes esperan una producción diaria de .... kilos de gránulos al día.

550

En el presupuesto también debe incluirse el coste de un ingeniero que irá a Bahía a supervisar la construcción, enseñar a los operarios y poner en funcionamiento la planta.

551

552   Por favor, separe claramente cada punto del presupuesto, así podremos saber la cantidad exacta de cada uno de ellos. Nuestro cliente podría decidir construir la planta y ponerla en funcionamiento él mismo, aunque intentaremos disuadirlo para que no lo haga.

553   Si resulta ser tan útil como parece, decidiremos equipar a todos nuestros ejecutivos con uno.

554   Estaré en la oficina la próxima semana, excepto el jueves, así pues, podría llamar a mi secretaria, la Srta. Valverde, para concertar una cita conmigo.

555   Por favor, hágame saber lo que necesita para poder llevar a cabo su prueba. Le podemos enviar una muestra de nuestro producto o si prefiere, puede visitar nuestra planta y estudiar el funcionamiento.

Versión inglesa del parágrafo precedente

555   Please let me know what you need in order to carry out such a test. Do we send you a sample of our product, or would you need to visit our plant and see how our present operation works?

556   Si me llama, quizá podamos arreglar una cita para la próxima semana.

557   También estaría interesado en conocer cómo llevan a cabo sus inspecciones, si es necesario que el personal se mantenga fuera de su puesto y, si es así, durante cuánto tiempo.

558   Me gustaría saber, también, cuál es el coste de estas inspecciones, teniendo en cuenta que nuestra compañía tiene alrededor de 500 empleados, repartidos en tres sucursales.

559   Nos gustaría tener los nombres de dos o tres empresas españolas o americanas que ya hayan disfrutado de sus servicios.

¿Serían tan amables de hacernos llegar también una guía de cómo utilizar el material para las relaciones públicas? **560**

Creemos que las informaciones que podrían obtener serían útiles para otros ámbitos y no exclusivamente para aquel inicialmente previsto. ¿Sería posible, sin dañar con ello la confianza de sus clientes, que nos dijera ...? **561**

El cliente en cuestión, el señor Juan A. Fernández, puso en funcionamiento una empresa llamada Sánchez & Sánchez, en Sevilla, entre 1980 y 1984. Nos gustaría conocer alguna noticia de periódico que hablara de esta empresa o del señor Fernández. **562**

Estamos buscando alguna información referente al matrimonio entre el señor Juan Casado Robledo y la señora Antonia Martín Gama, o cualquier otra noticia relacionada con ellos. Las referencias que buscamos deben referirse a los años 60 y 70. **563**
Debe ser una tarea difícil encontrar algo, pero les estaremos muy agradecidos por cualquier información que nos puedan facilitar. Parece ser que estos acontecimientos fueron noticia en los periódicos canadienses, sudafricanos y europeos.

Por favor, infórmenos de la fecha de entrega más adecuada para usted. **564**

Desde luego, sabrá que esta búsqueda es de naturaleza muy confidencial y estamos seguros de que podemos confiar en usted para que así la mantenga. **565**

Aprovecho para adjuntarle varios testimonios de distintas compañías que han adoptado nuestro sistema. Notará que una de las más entusiastas pertenece al mismo ámbito que el suyo. **566**

Conclusión

567   Espero tener noticias suyas.

568   Espero que me lo pueda solucionar.

569   Si hay alguna otra información que necesite, por favor, hágamelo saber.

570   Espero poder verle pronto (o, al menos, tener noticias suyas).

571   Le llamaré tan pronto como llegue.

572   Telefonearé a su secretaria dentro de dos días para concertar una cita.

573   Esperamos su pronta respuesta.

574   Si necesita alguna información adicional antes de llevar a cabo nuestro presupuesto sobre la planta adecuada, por favor, háganoslo saber.

575   Este parece ser un pedido muy interesante para ambas empresas y esperamos tener pronto noticias suyas.

576   Si telefonea a mi secretaria, la Srta. Guadalupe, ella concertará una cita para los dos. Esperamos probar este equipo.

577   Espero, con gran interés, tener noticias suyas.

578   Por favor, ¿podría informarnos sobre cuándo podría iniciar este proyecto y cuáles son sus honorarios?
Esperamos tener noticias suyas.

CAPÍTULO 10

Pedidos

■ ■ ■

Este tipo de cartas es sin duda el más simple de toda la correspondencia comercial.

El único requisito que tienen que cumplir es que deben ser claras, explícitas y completas.

En otras palabras, deben contener detalles completos de la mercancía solicitada, como el número o el nombre del fabricante, la talla, el color, el voltaje, la potencia en caballos, o lo que sea.

Por otra parte, también deberán indicar el precio que deseamos pagar o que ya hayamos acordado previamente, la fecha e instrucciones de distribución.

En muchos casos, será suficiente confirmar un presupuesto, una estimación o una factura *proforma*.

En otros casos, será preciso rellenar una hoja de pedido, a menudo proporcionada por el mismo fabricante, que en algunas ocasiones irá acompañada y en otras no de una carta, dependiendo de si se trata de un pedido especial.

Los ejemplos siguientes corresponden a los pedidos formulados mediante una carta.

El número de modelos que se facilita en este capítulo es menor que el de otros capítulos, ya que efectuar pedidos no presenta demasiadas particularidades.

Introducción

579 Señores,

<u>Camiones de cuatro ruedas Pearson para Paraguay</u>

En referencia a la transacción especificada anteriormente, les complacerá saber que hemos podido completar este interesante pedido y, consecuentemente, aceptamos su factura proforma n.º 4.761 fechada el 26 de julio de 1997.

580 Apreciado señor,

Hemos estudiado detalladamente su presupuesto para la construcción del anexo en nuestra fábrica y hemos decidido pedirle que siga adelante con el proyecto.

581 Señores,

Gracias por su presupuesto de tubos de cartón fechado el 25 de septiembre. Lo encontramos bastante satisfactorio y le adjuntamos nuestro formulario oficial de pedido para los tubos mencionados.

Versión inglesa del parágrafo precedente

581 Dear Sirs,

Thank you for your quotation for the cardboard tubes dated September 25. We find this quite satisfactory and are enclosing our official order form for the tubes as quoted.

---

582 Apreciada señorita,

Le confirmo nuestra conversación telefónica de esta mañana cuando le dije que habíamos decidido continuar adelante con la decoración de la sala de madera, de acuerdo con sus recomendaciones y estimaciones.

583 Estimada señorita,

Hemos tenido la oportunidad de estudiar detalladamente su propuesta para perfeccionar nuestro trabajo administrativo y hemos decidido seguir con el programa que usted perfila.

Estimado señor,

584

Muchas gracias por su concepción clara y precisa del trabajo que usted podría hacer para nosotros y sus dos posibles alternativas. Nosotros hemos decidido llevar a cabo la versión corta, «Plan B», cuyo presupuesto es de 840.000 ptas.

Estimado señor,

585

Plan de descentralización

Hemos considerado ampliamente su propuesta de plan de descentralizar nuestra operación y al final hemos decidido seguirlo exactamente tal y como usted lo ha perfilado.

Apreciada señorita,

586

Gracias por su detallada carta del pasado 24 de marzo. Sus servicios concuerdan exactamente con lo que estábamos buscando; le pedimos que proceda lo más pronto posible a realizar esa encuesta sobre M. F. Sander, tal como se lo habíamos indicado en nuestra última carta.

Estimada señorita,

587

Como consecuencia de las conversaciones que hemos mantenido verbalmente y por carta, en relación a su entidad Silver Fork, hemos optado por un periodo de prueba de seis meses para los empleados de nuestra fábrica, según las condiciones mencionadas en su carta del 21 de marzo.

Estimado señor,

588

Ordenador serie 200

Como consecuencia del intercambio de cartas que hemos mantenido y de su visita del pasado mes, hemos decidido instalar el ordenador que se menciona en la referencia, según el plan de financiación propuesto.

Apreciado señor,

589

Proyecto n.º 25.689

Nuestros planes para decorar el salón de madera han sido autorizados y hemos decidido llevarlo a cabo e instalar el techo Akusticon, como indica su presupuesto n.º 56, fechado el 1 de julio.

590 Estimada señorita,

Le complacerá saber que hemos decidido amueblar nuestro nuevo local con su serie «K» y le adjuntamos la hoja de pedido n.º 147 que incluye todos los artículos escogidos.

591 Apreciado señor,

Después de haber considerado la posibilidad de equipar los coches de cada representante comercial con su teléfono celular para coches, hemos decidido, en un principio, instalar este equipo sólo en nuestra zona sur. Si en unos meses nos convencemos de que es una inversión útil, entonces, solicitaremos teléfonos para las dos zonas restantes.

Por lo tanto, podría, por favor, enviarnos nuestro pedido de:

12 teléfonos celulares XYZ para coches a razón de ...... pesetas cada uno, incluyendo los gastos de instalación.

592 Señores,

Por favor, podrían tomar nota del siguiente pedido:

1. 10 contraventanas acabadas, n.º 27 (blancas), de 60 cm de ancho por 75 cm de altura, a 1.500 ptas. c/u : 15.000 ptas.
2. 10 contraventanas acabadas, n.º 4 (azul Capri), de 38 cm de ancho por 50 cm de altura, a 900 ptas. c/u: 9.000 ptas.
3. 10 contraventanas realizadas en madera blanca, de 30 cm de ancho por 60 cm de altura a 500 ptas. c/u: 5.000 ptas.
Total: 29.000 ptas.

593 Señores,

<u>Carretilla elevadora de horquilla</u>

Le complacerá saber que hemos cumplido con éxito el contrato mencionado y nos satisface poder incluir nuestro pedido n.º Ex 5.758, de acuerdo con su factura proforma n.º 7.383, con fecha del 21 de enero de 1997.

594 Señores,

¿Podrían, por favor, proporcionarme tres ejemplares de *Las mejores cartas de empresa* de J. W. Steward, a 3.000 ptas. cada una, contra reembolso?

Desarrollo

Le adjuntamos nuestro pedido. Como ya habíamos establecido anteriormente, los camiones tienen que estar en Paraguay a finales de marzo; por lo tanto, queda el tiempo justo para prepararlo.

La empresa de transportes Estrella Polar partirá de Cádiz hacia Buenos Aires el 1 de febrero y confiamos en que usted los tendrá listos para embarcarlos.

595

No tenemos ningún inconveniente en que usted empiece lo más pronto posible y esperamos que fije una fecha para iniciar los trabajos. Como lo habíamos indicado, desearíamos integrar nuestro nuevo local a principios de abril lo más tardar.

596

Nos gustaría tener los tubos el 20 de abril, y esperamos que hagan lo posible para que se realice la entrega en esa fecha.

597

Por favor, hágame saber, tan pronto como sea posible, cuándo piensa comenzar el proyecto. Es necesario, en efecto, que la sala del consejo esté lista para la primera asamblea, que se celebrará después de las vacaciones.

598

Creemos que sería preferible que el señor Gonzalo comenzara su trabajo durante el verano, cuando las cosas están más relajadas, y esperamos que no tendrá ninguna dificultad en solucionarlo para que pueda venir el lunes 31 de julio, o el lunes siguiente.

599

La semana del 21 de mayo sería perfecta para la primera sesión y podríamos organizar las siguientes, dos semanas más tarde.

600

Por favor, hágame saber si puede trasladar el equipo el 1 de junio, así podré avisar al personal.

601

Sé que puede comenzar el servicio en cualquier momento, por eso, me gustaría que lo iniciara el 2 de mayo.

602

603 Deduzco que podría haber un retraso de 2 o 3 meses con el reparto de su equipo, pero le agradecería que lo redujera tanto como le sea posible.

Versión inglesa del parágrafo precedente

603 I gather there is a delivery delay of 2 to 3 months on the equipment, but would appreciate your doing what you can to reduce it as much as possible.

---

604 Ya que preferiríamos instalar el sistema durante las semanas más tranquilas del verano, esperaremos el equipo, como último recurso, a finales del mes de julio, pero le agradeceríamos que nos hiciera saber una fecha de reparto definitiva.

605 Estamos impacientes por tener todo el mobiliario en su lugar hacia el 31 de marzo, así podremos hacer los últimos retoques durante el fin de semana.

606 Sabemos que las contraventanas están disponibles y por tanto esperamos recibirlas muy pronto.

607 Por favor, háganos llegar la fecha más temprana del reparto de este material.

608 Necesitamos esta mercancía urgentemente y les pedimos que hagan un esfuerzo especial por hacérnosla llegar lo antes posible.

609 Esperamos saber cuándo podrán realizar el reparto.

610 El contrato establece que el pedido sea repartido el 15 de diciembre de 1999, lo que significa que los camiones tendrán que partir de su almacén a finales de noviembre. No podemos demostrarles, con suficiente intensidad, la importancia que tiene esta cláusula de reparto, ya que el gobierno indio tiene todos los derechos para rechazar el envío de las máquinas si no llegan en la fecha establecida.

Adjuntamos nuestro cheque por valor de 240.000 pesetas para cubrir todo el coste.

611

Por favor, envíenos la factura correspondiente.

612

Por favor, envíen el paquete contra reembolso.

613

Conclusión

Por favor, háganos saber cuándo estarán listos los camiones y les daremos las pautas para el transporte y más instrucciones.

614

Por favor, háganos llegar pronto noticias suyas.

615

Por favor, confirmen la fecha de reparto.

616

Por favor, háganos saber si están de acuerdo.

617

Quizá podría telefonearme y así fijaríamos las fechas definitivas para las sesiones.

618

Espero tener noticias suyas sobre el tema.

619

Esperamos que no surja ninguna dificultad y estamos a la espera de su confirmación.

620

Pronto recibirán las pautas e instrucciones para el transporte.

621

CAPÍTULO 11

Comunicación interna

■ ■ ■

Cuando hay notificaciones que comunicar, especialmente al propio personal, muchas empresas adoptan un tono autoritario y, a veces, incluso rozan el sarcasmo y la intimidación. En el mejor de los casos, tales notificaciones están redactadas de un modo incomprensible. El ejemplo típico a no seguir cuando se decide redactar este tipo de notas, es el mensaje que un fabricante cuyo nombre no queremos revelar, adhirió orgullosamente a los cubos de plástico incombustibles que comercializaba.

«ESTOS CUBOS NO HAN SIDO FABRICADOS
PARA ECHAR LAS COLILLAS DE CIGARRILLO»

Obviamente, cualquier persona con un poco de espíritu de rebeldía reaccionaría echando en su interior tantas colillas como le fuera posible. En realidad, el autor de esta nota no tenía ni idea de psicología humana. Pertenecía a una era felizmente pasada en la que se pensaba que la gente podía ser instruida, si no a latigazos, sí mediante sarcasmos.

Por lo tanto, la regla a seguir es que para que nuestras instrucciones sean seguidas, las reglas obedecidas, los consejos atendidos, consiste en evitar el estilo dictatorial, la tentación del sarcasmo; muy al contrario, debemos utilizar un estilo directo y cortés y, si es posible, explicando el porqué de cada decisión.

Desde luego, no todas las notificaciones tienen que ver con reglas y normas, y no siempre van dirigidas al personal. Algunas son enviadas en forma de carta a los clientes o mayoristas. Otras están colgadas en el panel de información y están relacionadas con el cambio de horarios de trabajo, nuevas prestaciones sociales, etc.

Cualquiera que sea el tema que tratan o a quienes vayan dirigidas, las notificaciones deben ser escritas de manera agradable e inteligible y no deben parecer «órdenes divinas».

Ya que muchas no se escriben a modo de carta, los siguientes ejemplos no están clasificados de la misma manera que el resto del libro, pero sí agrupados según el tema. Cada párrafo está numerado para poder ser adjuntado a cualquier otro párrafo. Cuando sea necesario podemos añadir nuestro propio encabezamiento: «A nuestros clientes», «A todo el personal», «Apreciados colegas», o lo que requiera la situación. De la misma manera, no hay nada que nos prohíba terminar algunas de ellas como si fueran una carta, si la situación lo precisa.

Horarios de trabajo, vacaciones y prestaciones sociales

Les complacerá saber que desde el pasado 23 de junio de 1999, **622** los horarios de trabajo han sido modificados de la siguiente manera:

— Fábrica: De lunes a viernes de 8:30 a 17:00.
— Oficina: De lunes a viernes de 9:00 a 17:30.

Les complacerá saber que comenzamos el nuevo año con una se- **623** mana algo más corta. Los nuevos horarios serán los siguientes:

— Fábrica: De lunes a jueves de 8:30 a 17:00; viernes de 8:00 a 14:00.
— Oficina: De lunes a viernes de 9:30 a 17:30.

El nuevo horario comenzará a ponerse en práctica a partir del jueves 2 de enero de 1999.

624 Todo empleado por horas que siga trabajando después de las 17:00 de lunes a jueves o después de las 16:00 del viernes, cobrará estas horas como extraordinarias. Sin embargo, nadie trabajará horas extraordinarias sin que el encargado se lo haya solicitado expresamente.

625 Como ustedes habrán comprobado, los horarios nuevos implican que la semana laboral ha sido reducida a ...... horas para el personal de oficina y a ...... para los empleados de la fábrica.

626 Cuando sea aplicado el nuevo horario, las horas extraordinarias quedarán reducidas a dos por día, de las 17:00 a las 19:00, y nadie será requerido para trabajar estas horas los viernes.

627 A partir de la misma fecha, las horas extraordinarias sólo serán necesarias para casos excepcionales.

628 Estamos seguros de que todos darán la bienvenida al tiempo libre extra, incluso aunque sólo sea de media hora.

629 <u>Vacaciones anuales</u>

Este año nuestra empresa permanecerá cerrada durante las semanas del 24 y el 31 de julio.

Por lo tanto, si tienen algún pedido urgente, les advertimos que nos lo hagan llegar tan pronto como sea posible para que podamos llevarlo a cabo antes de las vacaciones.

Versión inglesa del parágrafo precedente

629 <u>Annual close-down</u>

This year or works will close down for the two weeks beginning July 24 and 31.

If you have any urgent orders, therefore, we urge you to let us have them at the earliest possible moment to enable us to put them through before the holiday.

Vacaciones anuales ▝630▝

A continuación les ofrecemos una lista de las fechas de las vacaciones anuales de nuestros principales proveedores para que tomen las medidas necesarias en relación a futuros pedidos:

— Empresa «A» ...... las semanas que comienzan el 1 y el 8 de agosto.
— Empresa «B» ...... las semanas que comienzan el 8 y el 15 de agosto.
— Empresa «C» ...... la semana que comienza el 1 de agosto.
— Empresa «D» ...... las semanas que comienzan el 15 de julio y el 1 de agosto.

Nuestra producción permanecerá abierta todo el verano, como siempre, pero, ya que muchos de nuestros proveedores cerrarán, como mínimo, parte del mes de agosto, sería útil que nos pudieran dar a conocer de antemano si piensan realizar algún pedido grande a finales de verano.

Vacaciones de verano ▝631▝

Por favor, ¿podrían informarnos, tan pronto como sea posible, sobre cuándo les gustaría tomarse las vacaciones este año?
El periodo vacacional comprende desde ...... hasta ..... y sólo en ocasiones excepcionales sería posible después de ....

Vacaciones de verano ▝632▝

El esquema adjunto cubre todas las semanas del periodo de vacaciones, que va desde el 1 de mayo hasta el 31 de agosto. Por favor, ¿podría señalar las semanas en las que le gustaría realizar sus vacaciones y devolverme la cuadrícula tan pronto como sea posible?

Mientras sea compatible con las opciones de cada departamento, ▝633▝ intentaremos concederles a todos sus fechas preferentes.

Derecho a vacaciones ▝634▝

Todos los empleados que hayan estado en plantilla un año completo o más tienen derecho, este año, a cinco semanas de vacaciones. Los demás tienen derecho a una semana.

635 Derecho a vacaciones

Les complacerá saber que, al empezar este año, todos los empleados que hayan estado dos o más años en plantilla tendrán derecho a
otra semana de vacaciones. Cualquiera que se haya unido a nosotros
entre ...... y ..... tendrá derecho a dos semanas, y cualquiera que lo
haya hecho desde hace seis meses tendrá derecho a una semana.

636 A su debido tiempo recibirán un formulario del jefe de su departamento en el cual deberán indicar las fechas preferidas.

637 Le adjuntamos el nuevo folleto explicativo del régimen de jubilación
de la empresa. Ha sido actualizado y reelaborado para que se en-
tienda mejor y sea más comprensible.
Verá que contiene una información muy importante para usted y su
familia.

638 Hemos pasado bastante tiempo ideando un plan de jubilación para
darle la mejor protección posible que la empresa pueda abarcar y el
folleto adjunto se lo explica en detalle.

639 Desde el 2 de enero la empresa está llevando a cabo una póliza de
seguro de vida que cubra a todos los empleados que lleven en plantilla
seis meses o más. Por favor, asegúrese de telefonear al despacho de
la señorita ...... para completar el formulario adecuado.

Organización interna

640 Se ha desarrollado un programa para todo el personal empleado
que realice su almuerzo en la cantina de nuestra empresa vecina ....
Las comidas se servirán de las 12:00 a las 14:00 y todo aquel que
quiera beneficiarse de estas facilidades podrá hacerlo sin necesidad
de llevar a cabo ninguna formalidad.

641 Les complacerá saber que nuestra empresa ha estado proyec-
tando un acuerdo con ......, que se encuentra justo al lado nuestro,
para que todo el personal empleado pueda beneficiarse de su comedor.
Si quiere aprovechar esta ventaja, por favor, pase a recoger una
tarjeta para las comidas en la oficina de personal.

Les complacerá saber que hemos decidido abrir nuestra propia cantina en el último piso del edificio.

El café de la mañana y de la tarde serán servidos allí, así como el almuerzo.

Esperamos que todos disfruten de esta nueva ventaja.

642

Debido al crecimiento gradual del número de empleados y la multiplicación de las horas extras hemos decidido que, a partir del próximo lunes 2 de marzo, el almuerzo y las comidas calientes sean servidos en la cantina, en lugar de servir sólo cafés y comidas frías.

Por eso, no dudarán en pensar que la ampliación de la cantina ha sido una ventaja.

643

Hemos decidido instalar dos máquinas de bebidas en cada planta y eliminar los carritos del café. Esto significa que podrán acceder a la máquina siempre que quieran y tomarse una taza de café, té o chocolate, en vez de esperar que el carrito del café llegue hasta donde están ustedes.

644

Para evitar la congestión de siempre y la pérdida de tiempo en la cafetería, hemos decidido que por la mañana y por la tarde los descansos para el café se hagan en dos sesiones, durante las horas siguientes:

— Descanso de la mañana: de 10:00 a 10:10.
— Descanso de la tarde: de 16:00 a 16:10.

Si su apellido empieza por una letra que se encuentra en la primera mitad del alfabeto (A-L), por favor, haga el descanso en la primera sesión. Si pertenece al grupo de la segunda mitad (M-Z), entonces, por favor, hágalo en la segunda sesión.

Esperamos no parecer dogmáticos con esto ni que queramos impedir que dos personas que quieran tomarse un café juntos, puedan hacerlo. Simplemente les pedimos un poco de esfuerzo para ganar en flexibilidad; así pues, si ve aglomeración, espere a la sesión siguiente.

645

Bata de trabajo

646

A cualquier miembro del personal que le gustara llevar bata en la oficina para proteger su ropa de calle, se le suministrará una a cargo de la empresa. Por favor, diríjanse a la oficina de personal.

647   Guantes protectores

Todos sabemos que podemos utilizar los guantes de goma distribuidos por la empresa cuando hay que realizar alguna de las operaciones más sucias en el departamento de reprografía.

Si desea cambiar estos guantes protectores, simplemente, debe dejar su solicitud en la oficina de material.

648   Servicio de peluquería

Les complacerá saber que ...... nuestro vecino, nos ha ofrecido amablemente los servicios de peluquería de su empresa para todas las empleadas.

Si desean arreglarse el pelo, todo lo que tienen que hacer es ir al salón de peluquería de la primera planta y pedir hora. Los precios son muy accesibles.

649   Pago de salarios

Después de la encuesta realizada a todos los empleados de la empresa, hemos decidido realizar el pago de los salarios mediante cheques, que comenzarán a ser distribuidos el 1 de enero para los empleados temporales y el 31 para los fijos.

650   Pago de salarios

Por razones de seguridad y de acuerdo con todo el personal en nómina, hemos decidido efectuar todos los pagos de salarios mediante transferencia bancaria, empezando el 1 de junio.

Esto significa que sus salarios serán depositados en su cuenta bancaria por nuestro contable. Por supuesto, seguirán disponiendo de sus hojas de nómina con los detalles pertinentes de deducciones y demás.

Por favor, rellenen con su nombre y la dirección de su banco el formulario adjunto y háganselo llegar sin retraso a la oficina del señor....... El empleado que no disponga de cuenta bancaria debe ir a ver al señor ...... inmediatamente.

651   Departamento de material

Dentro de pocos días, a cada departamento le será suministrado el nuevo material de oficina, que ha sido diseñado especialmente con un estilo personal.

El material consistirá en:

1. Hojas de carta formato A4, para cartas estándar.
2. Hojas suplementarias, también en formato A4.
3. Hojas para cartas formato A5, para cartas cortas. Este tamaño es exactamente la mitad del formato A4.
4. Circulares formato A4.
5. Circulares formato A5.
6. Facturas formato A4.
7. Facturas formato A5.
8. Cartas de acuse de recibo.
9. Formularios de pedido formato A4
10. Formularios de pedido formato A5.
11. Sobres.

Por favor, ¿podrían devolver el material actual para poder cambiarlo por el nuevo?

El nuevo material se pondrá en uso en toda la empresa a partir del lunes 2 de julio.

Compras   652

Desde el 2 de junio, el señor Pedro Alsina será el responsable de compras de nuestra empresa. Consecuentemente deberá hacerle llegar a él todos sus pedidos en lugar de dirigirse directamente a nuestros proveedores, como se había hecho hasta ahora.

Compras   653

Como todos sabemos, nuestro departamento de compras ha estado operativo desde hace casi un año. Sin embargo, desgraciadamente, muchos de nosotros todavía seguimos realizando ocasionalmente pedidos directos a algún proveedor.

Sé lo difícil que resulta cambiar un hábito que hace tiempo que está en práctica, pero estoy seguro de que estarán de acuerdo en que una de las razones de tener un departamento de compras es que la empresa pueda obtener el género al mejor precio posible. El trabajo de los compradores es negociar con la mercancía que entra en la empresa. Si hacemos un pedido directo, quizás estemos pagando más de lo necesario y quitándonos tiempo para realizar nuestro propio trabajo.

Por lo tanto, cuento con que ustedes evitarán efectuar pedidos directos y permitirán que sean realizados por la oficina encargada de tal tarea.

654   Adjuntamos una copia revisada de ......, en la que se incluyen las partes nuevas. Como habrá comprobado, este diseño mejorado elimina otras partes; por lo tanto, les agradeceríamos que siguieran con el nuevo diseño y utilizaran los nuevos puntos al efectuar los pedidos.

655   Para mejorar el reparto del género, hemos decidido obtener directamente de nuestro proveedor italiano el ...... que usted nos solicita. Desde luego, el resto de componentes los seguirá recibiendo desde España.

Creemos que esas modificaciones harán que nuestro servicio resulte más rápido.

656   Le complacerá saber que a partir del 11 de enero de 1998, le haremos llegar sus pedidos mediante nuestra propia flota de camiones. Esto acelerará muchísimo el servicio de entrega, ya que los pedidos no tendrán que esperar a ser repartidos por un transportista.

Nos sentimos muy complacidos de poder ofrecerle esta mejora en el servicio.

657   Para ofrecerle un servicio más rápido, hemos decidido repartir todos los pedidos que provengan del norte de España desde nuestra sucursal en Bilbao.

Por lo tanto, agradeceríamos que dirigiera directamente sus futuros pedidos a nuestra oficina de Bilbao, en la calle San Fausto n.º 55.

Medidas de seguridad e higiene

Aunque en el mercado es posible encontrar muchos rótulos referidos a este ámbito, a menudo es necesario componer los propios carteles.

658   A favor de su propia seguridad, la empresa ha decidido suministrar a cada empleado una pequeña botella que contiene un líquido especial para limpiar las gafas. Deben guardar este material de limpieza en su bolsillo, para poder tenerlo a mano cuando las gafas estén sucias.

Estas medidas de seguridad son tomadas porque muchos empleados están trabajando sin gafas, bajo el pretexto de que las tienen sucias y «todavía no han podido ir a limpiárselas».

Tengan en cuenta que nuestros ojos son nuestra posesión más preciada. Nunca deben olvidarse de esto ya que pueden dañárselos.
UTILICE SUS GAFAS Y MANTÉNGALAS LIMPIAS.

Por favor, recuerden que la reglamentación antiincendios obliga a **659** que las cuatro puertas de esta planta se mantengan siempre despejadas y accesibles.

Si se produjera un incendio, no tendrían tiempo de sacar el montón de cajas de archivos viejos que han estado amontonando, desde hace algún tiempo, delante de una de las puertas.

Recuerden: ¡LOS INCENDIOS PUEDEN OCURRIR! Depende de ustedes hacer cuanto puedan para mantener su propia seguridad y la de sus colegas según el reglamento antes citado.

Se han encontrado una o dos personas fumando en la planta de **660** pinturas. Obviamente, son tan irresponsables que no les importa arriesgar la seguridad de sus colegas para llevar a cabo su irresistible deseo de fumar.

Fumar en la sección de pintura es muy peligroso y nunca se debe hacer.

Por favor, recuerden que, en beneficio de su propia seguridad, sólo **661** se permite fumar fuera de los laboratorios. Deben apagar sus cigarrillos antes de volver a entrar al laboratorio.

Sabemos que es agradable poder fumar mientras se llevan a cabo experimentos, pero también puede provocar resultados desastrosos, como todos ustedes saben muy bien.

Vacunación contra la gripe   **662**

Este año la empresa vuelve a llevar a cabo su campaña de vacunación contra la gripe para todo empleado que lo desee.

Si quieren tomar esta medida preventiva, por favor, háganselo saber inmediatamente a la señorita Caballero.

Epidemia de gripe   **663**

Todo empleado que desee beneficiarse de la vacuna preventiva contra la gripe debe anunciarlo inmediatamente en enfermería.

Médico de la empresa   **664**

Por favor, recuerden que el doctor Millán estará atendiendo en la enfermería todos los miércoles por la tarde, entre las 2 y las 4. Si necesitan verle, simplemente acérquense. No es necesario concertar cita.

Este nuevo horario será efectivo a partir del 1 de junio.

665   Enfermería

A partir del 1 de julio, la enfermería será trasladada a un local más grande de la cuarta planta; la señorita Nieves les atenderá allí, en el horario habitual.

666   Curso de primeros auxilios

Para mantener un cierto número de empleados capacitados para desarrollar ayudas de primeros auxilios, hemos decidido ofrecer más oportunidades a cualquier miembro del personal que se ofrezca como voluntario para asistir a un curso de primeros auxilios.

El curso tiene lugar en la unidad de primeros auxilios del hospital María Auxiliadora de Jaén, y dura una semana.

Cualquiera que quiera ser voluntario para el curso debe notificárselo a la señora Ana Romero tan pronto como sea posible.

667   Primeros auxilios

Informamos a aquellos que aún no lo saben, que el puesto de la Cruz Roja del centro comercial está abierto a todos los dueños de los comercios y a sus empleados. Si alguna vez necesita su ayuda, sólo tiene que acercase allí. El puesto está abierto cada día de 9:30 a 12:00 y de 14:30 a 16:00.

Otras reglas y regulaciones

668

Un miembro del personal, entusiasta, decidió trabajar hasta tarde un día de la semana pasada, pero cuando se dispuso a salir de la oficina, justo antes de las 20:00, se encontró que se había quedado encerrado.

Lo último que querríamos hacer es impedir que alguien se quede para finalizar un trabajo urgente si lo desea, pero les pedimos que si tienen intención de hacerlo se lo comuniquen al señor .... Él es la última persona en salir y cierra todas las puertas a las 19:30, hora en la que todo el personal ya tiene que haber marchado.

669

En ocasiones, paso por su departamento durante la hora del almuerzo y veo que no hay nadie en sus despachos. Incluso una vez tuve que responder una llamada no atendida.

Obviamente esto no es bueno para la empresa y agradecería a todos los jefes de departamento que se aseguraran de que el personal administrativo y oficinista hicieran turnos para comer, para que quede siempre una persona en el departamento.

Horario de almuerzo

670

Nuestro director se ha quejado de que las oficinas están vacías durante la hora de la comida.

Como todos ya saben, el almuerzo debe realizarse entre las 13:00 y las 14:00 o entre las 14:00 y las 15:00. Por favor, escriban su nombre en la lista colgada según el horario preferido y devuélvanmela a mí. La lista definitiva se colocará en el panel de información y todo aquel que quiera cambiar el horario de su almuerzo, por la razón que sea, debe resolverlo con otro compañero que esté de acuerdo.

671

Por favor, ¿podrían asegurarse, antes de dejar la oficina por la noche, de que sus ventanas están correctamente cerradas? Es incluso más importante que lo hagan si se quedan hasta más tarde.

672

Por favor, recuerden que la oficina distribuidora de material permanece abierta los lunes y los miércoles. Sólo en casos de emergencia, pueden esperar excepciones.

Nombramientos, promociones y jubilaciones

673

Les complacerá saber que el señor Antonio Gutiérrez fue nombrado director general de la empresa el pasado 2 de enero de 1998. Estoy seguro de que le ofrecerán al señor Gutiérrez el mismo soporte leal y cooperación que le ofrecieron al señor Díaz.

674

Estoy seguro de que a todos les complacerá saber que, a partir del 2 de enero de 1999, el señor José A. Garrido ocupará el puesto de director general, mientras que el señor Eduardo Celdrán ocupará el puesto de director de marketing que ocupaba el señor Garrido.

Se producirán otros cambios y pueden estar seguros de que serán los primeros en conocerlos.

675 La promoción del señor David Jimeno como director de marketing va acompañada de un cierto número de otras promociones, como:

El señor Roberto Lanuza pasará a ser director comercial del área de Valencia.

El señor Sebastián Zuelgaray pasará a ser director de área de la zona sur.

La señorita Eva M. González pasará a ser supervisora de ventas del área de Valencia.

676 Les complacerá saber que el señor Arturo J. Asensio ha sido nombrado secretario de la empresa. Serán proclamados otros nombramientos como anticipo de la expansión planeada.

677 Esta nota es para hacerle saber que el próximo 1 de septiembre la señorita Elena Cabeza se unirá a nosotros como oficial de relaciones públicas. Ella misma les hablará sobre su nombramiento explicándoles cuáles son sus planes. Las relaciones públicas son una función relativamente poco conocida, pero, sin ninguna duda, extremadamente importante. La propia señorita Elena se lo hará conocer.

678 Les complacerá saber que, siguiendo mi nombramiento como director general de ventas, el puesto de director de exportación ha sido retomado por la señorita Roldán, mi primera asistente, como ustedes ya saben.

Por lo tanto no deben temer que sus pedidos no sean tratados con el mismo cuidado que antes. Además, si les puedo ser de alguna ayuda en mi nuevo puesto, estaré encantado de hacerlo.

679 Me gustaría que todos ustedes supieran que la señorita Elisa Cardona, que ha sido mi secretaria personal más eficiente y paciente durante los últimos 15 años, se va a jubilar el 30 de junio.

Sé que no seré el único en echarla de menos: su eficiencia y espíritu alegre y de colaboración ya es conocido por todos.

680 Mi inminente jubilación ha sido siempre mantenida en secreto. Ahora quiero decirles que me jubilaré oficialmente a finales de año, dejando las riendas de la empresa en manos del señor Juan Esteban.

Esta nota es para informarles que me voy a jubilar a finales de junio **681** y que el nuevo director de este departamento será el señor Ricardo Castro.

Me gustaría que supieran cuánto he disfrutado de nuestra amistosa colaboración durante todos estos años.

Me gustaría que supieran que voy a jubilarme a finales de este año. **682** Durante este intervalo les presentaré a mi sucesora, la señorita Julia Martín, de quien, estoy seguro, pronto conocerán sus cualidades.

Actividades sociales

Viaje en barco **683**

Con motivo de nuestra excursión anual, los autocares saldrán de la empresa el próximo domingo 2 de agosto, a las 8:00.

Por favor, hagan todo lo posible por llegar puntuales ya que los autocares deben salir a las 8:00 si queremos llegar antes de que partan los barcos de vapor.

¡Nos veremos a bordo con nuestras cámaras y lociones bronceadoras!

Excursión anual **684**

Como cada año, debemos, debido a los problemas de transporte, preparar con tiempo nuestra excursión anual.

Todo el personal que necesite transporte debe escribir su nombre en la columna de la izquierda y con letra clara. Y todos aquellos a los que les sobre alguna plaza en sus coches deben escribir sus nombres y las plazas disponibles en la columna de la derecha.

Así, podremos comparar las dos columnas y alquilar algún medio de transporte adicional según el número de plazas necesarias.

Excursión anual **685**

Este año hemos decidido alquilar medios de transporte para que podamos ir todos juntos, ya que muchos de los propietarios de los coches prefieren no conducir en un día libre.

Todos aquellos que planeen venir a la excursión deben escribir sus nombres más abajo (en mayúsculas, por favor).

686   <u>Salida anual</u>

Pensamos, desde hace ya uno o dos años, que deberíamos cambiar nuestra excursión habitual a la playa por una cena con baile.

Obviamente, es casi imposible satisfacer a todos, pero ya que la costumbre de ir a la playa empieza a aburrir a muchos, este año hemos decidido dar una oportunidad a los amantes de las cenas con baile.

Así que haremos una cena con baile. Tendrá lugar en el restaurante que está al lado del río, el sábado 20 de agosto, y los autocares se encargarán de llevarnos allí y recogernos al final.

Todos aquellos que decidan venir, por favor, háganselo saber a la señorita Sara Gómez.

687   <u>Fiesta de Navidad</u>

Como ya es habitual, les pedimos que dejen el coche en casa y se unan al resto en los autocares que nos llevarán y vendrán a recoger de la fiesta de Navidad.

Este año tendrá lugar en el restaurante Caballo Blanco y los dos autocares efectuarán las siguientes paradas:

— Salida de la fábrica: 19:30 horas.
— Salida de la esquina de la calle San Anselmo: 19:40 horas.
— Salida del cruce de la Trinidad: 19:45 horas.
— Llegada al restaurante Caballo Blanco: 20:00 horas.

Habrá un autocar que saldrá de la fiesta a las 23:30 horas para todos aquellos que deseen volver pronto y a la 1:00 para los que deseen quedarse hasta el final.

Los autocares de vuelta también efectuarán paradas en la esquina de la calle San Anselmo y en el cruce de la Trinidad.

688   <u>Cena y baile de Navidad</u>

Como todos saben, esa noche tendrá lugar la cena y baile de Navidad, en el Salón de las Palmeras del hotel Waldorf, el próximo miércoles 21 de diciembre a las 19:45 horas.

Todo aquel que quiera ir antes a casa para cambiarse puede salir de la oficina a las 17:00 horas.

Navidad 1999

689

Tanto la fábrica como la oficina se cerrarán a las 13:00 horas el viernes 24 de diciembre y se volverán a abrir el martes 2 de enero por la mañana. Por favor, pásense por mi despacho, antes de irse el viernes, para recoger el aguinaldo.

Comida de Navidad

690

El próximo jueves, 23 de diciembre, se servirá en la cantina una comida de Navidad. Las personas que deseen participar deben escribir su nombre en la parte inferior de esta nota. Si hay algún grupo de personas que deseen sentarse juntas, por favor, indíquenlo claramente y se les proporcionará una mesa adecuada.

Informaciones generales

Centro de tratamiento de textos

691

El nuevo centro de tratamiento de textos será operativo a partir del próximo martes 23 de marzo. Su tarea es muy simple. Si desea dictar una carta todo lo que tiene que hacer es descolgar el teléfono y marcar el número 41. A continuación será conectado al sistema de grabación y podrá comenzar a dictar su correspondencia sin necesidad de detenerse.

La primera operadora disponible la escribirá y se la presentará para que la firme.

Algunos de los operadores pueden haber estado trabajando anteriormente en su departamento o directamente bajo sus órdenes, pero deberá recordar que ahora no están solamente a su disposición. No se les puede solicitar otras tareas que no sean exclusivamente la escritura de las cartas.

Sin duda, algunos ejecutivos sentirán que han perdido un poco de prestigio al no tener una secretaria, pero creo que se darán cuenta de que el nuevo sistema permitirá una mejor utilización y reparto de las competencias.

692

Como todos sabemos, si España tiene éxito al competir en el mercado mundial es debido a que cada vez es más eficiente. Todo lo inútil debe ser eliminado, las operaciones deben ser perfeccionadas, debemos ser rápidos, flexibles y modernos.

Todo esto debe ser aplicable también a las empresas de exportación, como la nuestra, si no queremos perder el tren.

En consecuencia, el próximo lunes recibiremos la visita de algunos directivos de la empresa que nos aporta el capital W. S. Blanco. Visitarán todos los departamentos, hablarán brevemente con algunos de ustedes y, más tarde, uno o dos de ellos pasarán algún tiempo en cada departamento que esté de turno.

Me gustaría que les ofrecieran a estos señores una cálida bienvenida y que les proporcionaran una total colaboración. No se trata de espías, sino que están aquí por invitación de la dirección y para ayudarnos. Por lo tanto, sólo podrán hacerlo si cada uno de nosotros, desde el director general hasta el último empleado, les ofrecemos toda la cooperación que podamos.

Les mantendré informados de las distintas fases del trabajo y, a su debido tiempo, de cualquier cambio que se haya decidido llevar a cabo.

693   Nuevo emplazamiento

Les complacerá saber que el director ha estado considerando, durante algún tiempo, la posibilidad de construir una nueva fábrica y oficinas. El hecho de encontrar un emplazamiento adecuado nos ha llevado unos cuantos meses, pero ahora hemos podido adquirir uno en el lugar idóneo sólo a 6 kilómetros de aquí, en el lado sur de la ciudad.

Todavía no se han proyectado los planos. Pueden estar seguros de que seguiremos manteniéndoles informados de todo el proceso.

694   Nuevo emplazamiento

El mapa adjunto es el proyecto de nuestro nuevo edificio, que pronto empezará a construirse en la calle Libertad, entre la calle Mayor y el parque posterior.

Todavía es demasiado pronto para hablar del traslado, pero como el edificio nuevo estará muy cerca de aquí, no hay necesidad de que se preocupen por la mudanza.

695   Nuevo emplazamiento

La obra de nuestro nuevo edificio comenzó esta semana y nos han prometido que estará finalizada hacia finales de abril, si no surge ningún problema.

Nuevo emplazamiento

696

Ya hemos decidido las fechas para el traslado al nuevo edificio.

La fábrica debe estar lista para ser trasladada hacia finales de marzo y las oficinas lo harán paulatinamente, empezando a finales de abril.

Los jefes de departamento les mantendrán informados.

Inauguración del nuevo emplazamiento

697

Ahora que ya estamos tan confortablemente instalados en nuestro maravilloso edificio nuevo, es el momento de pensar en una fiesta oficial de inauguración.

Esta fiesta se celebrará en dos tiempos. Primero habrá una fiesta para el personal, el viernes 11 de septiembre, en la cantina, a partir de las 17:00.

Luego se hará una jornada de «puertas abiertas» para la prensa, nuestros clientes y los proveedores, que será el miércoles 16 de septiembre. Como habrá mucha gente, ustedes no podrán trabajar; contamos con ustedes para atender a nuestros invitados.

APÉNDICE

Formas de dirigirse al destinatario

■ ■ ■

El cuerpo diplomático

Para dirigirse a un embajador se utiliza el trato «Señor Embajador».

Los representantes del Estado

Conviene dirigirse a los miembros del gobierno mencionando siempre su título. Así, deberá escribirse «Señor Presidente del Gobierno», «Señor Primer Ministro», «Señor Ministro», «Señor Senador», «Señor Diputado», «Señor Alcalde», etc.

Para dirigirse a jueces y procuradores, el trato será: «Señor Procurador» y «Señor Juez».

Para todos los demás cargos funcionariales, convendrá dirigirse a ellos precediendo su título o función de «Señora o Señor ...».

Hay muchos libros, redactados por expertos, abordando el problema del protocolo pero es necesario señalar que no siempre coinciden unos autores con otros. Conviene por tanto dejarse guiar por un solo libro y seguir sus pautas tal como allí se proponen.

Impreso en España por
HUROPE, S. L.
Lima, 3 bis
08030 Barcelona